Am Schlusse dieses Bandes befindet sich ein

Nachweis wichtiger Gesetzesausgaben,

in dem die meisten Bände der jetzt über **240 Nummern** umfassenden

Guttentagschen Sammlung Deutscher Reichs- und Preußischer Gesetze

sowie größere und kleinere Kommentare, Lehrbücher, Sammelwerke, Entscheidungssammlungen und Zeitschriften verzeichnet sind.

Guttentagsche Sammlung
Nr. 177 Deutscher Reichsgesetze. Nr. 177
Textausgaben mit Anmerkungen und Sachregister.

Offenbarungseid und Haft im Zivilprozeß

Kommentar

von

Dr. Wilhelm Huyke
Amtsgerichtsrat

Berlin und Leipzig 1930
Walter de Gruyter & Co.
vormals G. J. Göschen'sche Verlagshandlung – J. Guttentag, Verlagsbuchhandlung – Georg Reimer – Karl J. Trübner – Veit & Comp.

Druck von Walter de Gruyter & Co., Berlin W 10

Inhaltsübersicht.

Verzeichnis der Abkürzungen.

Im allgemeinen ist zitiert nach dem Abkürzungsverzeichnis von Maas-Magnus 1928. Paragraphenzahlen ohne nähere Bezeichnung verweisen auf die Paragraphen der ZPO. N. bedeutet Fußnote. Nur mit Verfassernamen sind angegeben:

Baumbach = Die Zivilprozeßordnung mit Gerichtsverfassungsgesetz und den wichtigsten Nebengesetzen von Dr. A. Baumbach, 5. Aufl.

Falkmann = Die Zwangsvollstreckung, 2. Aufl. 1914.

Förster-Kann = Die Zivilprozeßordnung v. A. Förster, 3. Aufl., bearbeitet von R. Kann.

Francke = Der Offenbarungseid nach Reichsrecht, Berlin 1885.

Goldmann = Die Zwangsvollstreckung in das bewegliche Vermögen in der Praxis des kgl. Amtsgerichts Berlin-Mitte nach Entscheidungen höherer Instanzen (Neubearbeitung der gleichnamigen Sammlung von Lisiecki-Drewes) von Dr. E. Goldmann.

Goldschmidt = Zivilprozeßrecht, 1929.

Hein = Handbuch der Zwangsvollstreckung.

Hellwig-Oertmann = System des deutschen Zivilprozeßrechts von K. Hellwig, vollendet von P. Oertmann.

Lubowski = Das Offenbarungseidverfahren nach der Zivilprozeßordnung von Dr. B. Lubowski, 1913.

Queck = Das Verfahren bei Abnahme des prozeßrechtlichen Offenbarungseides, 1906.

Schmidt = Lehrbuch des deutschen Zivilprozeßrechts von Dr. R. Schmidt, 2. Aufl. 19

Schönfeld = Der Offenbarungseid und die Haft, 1888.

Schumann = Der Offenbarungseid und das Haftverfahren in der Praxis, Berlin 1929.

Schwalm = Der Vollstreckungseid (Leipziger rechtswissenschaftliche Studien, Heft 46) von Dr. G. Schwalm, Leipzig 1930.

Seuffert = Die Zivilprozeßordnung für das Deutsche Reich von L. Seuffert, 11. Aufl.

Stein-Jonas = Die Zivilprozeßordnung für das Deutsche Reich von L. Gaupp und F. Stein, 14. Aufl., bearbeitet von Dr. M. Jonas.

Stein-Juncker = Grundriß des Zivilprozeßrechts und des Konkursrechts von F. Stein, 2. Aufl., bearbeitet von J. Juncker.

Sydow-Busch = Zivilprozeßordnung und Gerichtsverfassungsgesetz von R. Sydow, 19. Aufl., herausgegeben von L. Busch und W. Krantz. (Der 2. Band der 20. Auflage war bei Abschluß der Bearbeitung noch nicht erschienen.)

A. Allgemeiner Teil.

I. Kapitel.

Geschichtliche Einleitung [1]).

In den meisten Rechtsstreitigkeiten, die eine privatrechtliche Leistungspflicht zum Gegenstande haben, spielt die Frage keine Rolle, ob der Verpflichtete auch tatsächlich zur Erfüllung seiner Verpflichtung in der Lage ist; er wird vielmehr in der Regel ohne Rücksicht auf seine Leistungsfähigkeit zur Leistung verurteilt. Die Folge davon ist, daß sich die Vollstreckung solcher Urteile in vielen Fällen als undurchführbar erweist, weil dem Schuldner die Mittel zur Befriedigung des Gläubigers fehlen. Diese Erscheinung, die mit der ausgedehnten Entwicklung des Kreditwesens in der Gegenwart einen großen Umfang angenommen hat, ist zu allen Zeiten und bei allen Völkern aufgetreten, deren Rechtsordnung die zwangsweise Verwirklichung privatrechtlicher Ansprüche ermöglichte; und da es natürlich stets als unbefriedigend empfunden wurde, wenn der siegreiche Gläubiger nach glücklicher Beendigung des Prozesses doch nicht zu seinem Rechte kommen konnte, hat man auf verschiedene Weise versucht, ihm trotz erfolgloser Vollstreckung noch jeden möglichen Weg zu seiner Befriedigung zu eröffnen.

Im Altertum und frühen Mittelalter konnte man das einfach dadurch erreichen, daß man den Schuldner, der seiner Verpflichtung nicht nachkam, dem Gläubiger als Knecht überließ. Die Ungerechtigkeit dieses Verfahrens, das dem Gläubiger

---

[1]) Vgl. Gallinger, Der Offenbarungseid des Schuldners im Exekutions- und Konkursverfahren nach seiner geschichtlichen Entwicklung im römischen und deutschen Recht, München 1884, und Fraeb im Rechtsgang 2, 42 ff.

oft viel mehr gewährte, als er zu fordern hatte, vor allem aber dem Schuldner einen ganz unverhältnismäßigen Nachteil zufügte, führte im Laufe der Zeit dazu, daß die Gesetzgeber andere Wege einschlugen, die den Gläubiger allerdings nicht zur unmittelbaren Befriedigung verhelfen konnten, aber auf den Schuldner einen möglichst wirksamen Zwang zur Befriedigung des Gläubigers ausübten. Als solche Zwangsmittel sind für die Gebiete des deutschen Rechts besonders hervorzuheben die Verbannung des Schuldners oder seine Einkerkerung in öffentliche Gefängnisse.

Daneben war es namentlich in den deutschen Rechtsgebieten Brauch geworden, den zahlungsunfähigen Schuldner zur Abgabe gewisser eidlicher Erklärungen zu verpflichten, nämlich einmal dem eidlichen Versprechen, aus seinem künftigen Erwerbe, soweit er nicht zur Bestreitung seines notdürftigen Unterhaltes erforderlich sei, den Gläubiger zu befriedigen, sodann aber zu der eidlichen Erklärung, daß er kein Vermögen oder wenigstens keine bewegliche Habe besitze, woraus der Gläubiger sofort Befriedigung finden könne. Dieser Eid war teils Voraussetzung für die Durchführung weiterer Zwangsmaßnahmen, wie Schuldhaft oder Verbannung, teils ein Mittel, um den Schuldner davor zu bewahren, und stellt die eine Unterart des Offenbarungseides dar, der in zwei Formen auftreten kann: der erwähnten negativen, die dahin geht, daß der Schwörende nichts besitze, und der positiven, wobei die Richtigkeit oder Vollständigkeit bestimmter vom Schuldner zu machender Angaben über sein Vermögen beschworen wird. Nur dieser letztere Eid verdient ein Offenbarungseid im eigentlichen Sinne genannt zu werden, weil nur hierbei der Schwörende tatsächlich etwas zu offenbaren hat. Der andere Eid, der aber seit langem gleichfalls als Offenbarungseid bezeichnet wird, ist seinem Wesen nach ursprünglich ein Reinigungseid, der den Schuldner von dem Verdacht reinigen sollte, daß er

Vermögensstücke beiseite geschafft habe, um sie dem Zugriffe des Gläubigers zu entziehen.

Die heutige positive Form des Offenbarungseids des zahlungsunfähigen Schuldners verdankt ihren Ursprung hauptsächlich dem römischen Recht, wo ein solcher Eid allerdings seit Justinian nur für einige besondere Fälle, vor allem für den Fall der beschränkten Erbenhaftung, vorgesehen war. Im gemeinen Recht wurden dann die deutschen Regeln über die Verpflichtung zur Leistung des Eides und die des römischen Rechts über seine Form miteinander verschmolzen, und so bürgerte sich die positive Form für den Offenbarungseid des unpfändbaren Schuldners auch in Deutschland ein. Dabei war noch eine Verschiedenheit insofern möglich, als der Eid promissorisch oder assertorisch gefaßt werden konnte, je nachdem er vor oder nach der Errichtung des Vermögensverzeichnisses geleistet wurde.

Seit dem 1. Oktober 1879, dem Inkrafttreten der Zivilprozeßordnung für das Deutsche Reich, ist der Offenbarungseid des insolventen Schuldners in Deutschland allgemein in der assertorischen positiven Form zu leisten [2]), während für den Sonderfall des § 883 ZPO. noch die negative, also die alte deutschrechtliche Form, vorgesehen ist. Darin kommt noch zum Ausdruck, daß dieser letztere Offenbarungseid begrifflich auch jetzt noch ein Reinigungseid ist. Durch den Zwang zu seiner Ableistung, die dem Schuldner nicht möglich ist, wenn er Angaben über den Verbleib des herauszugebenden Gegenstandes machen kann, und ihn daher zwingt, vor Leistung des Eides diese Angaben zu machen, ist aber tatsächlich auch dieser Eid in seiner praktischen Bedeutung zu einem wirklichen Offenbarungseide

---

[2]) Bis dahin war in einzelnen Landesgesetzen, besonders in Preußen, noch ein eidliches Versprechen weiterer Angaben vorgesehen. Das erklärt die jetzt so gut wie gegenstandslose Strafandrohung in § 162 StGB.

geworden. Bemerkenswerterweise ist auch für den Offenbarungseid nach § 807 ZPO. in weiten Volkskreisen selbst heute noch der Glaube verbreitet, der Schuldner müsse seine Vermögenslosigkeit beschwören, und der Vollstreckungsrichter bekommt nicht selten die Erklärung zu hören: „Ich kann den Offenbarungseid nicht leisten, weil ich noch etwas besitze."

Das Verfahren ist seit dem Inkrafttreten der ZPO. mehrfach, zum Teil nicht unerheblich, geändert worden, weshalb die frühere Literatur hierzu, weil von anderen Voraussetzungen ausgehend, vielfach nur mit Vorsicht benutzt werden kann. Die größten Änderungen brachte die Novelle zur ZPO. vom 17. Mai 1898, die die frühere Norm des Eides aus § 807, daß der Schuldner sein Vermögen vollständig angegeben und wissentlich nichts verschwiegen habe, durch die jetzige mehr subjektive Fassung ersetzte. Gleichzeitig wurde durch einen Zusatz in § 899 klargestellt, daß der 4. Abschnitt des 8. Buches nur für die Fälle der §§ 807, 883 unmittelbar gilt, das Widerspruchsverfahren des jetzigen § 900 Abs. 3, das bis dahin durch ein der Berufung unterliegendes kontradiktorisches Urteil zu entscheiden war, in ein Beschlußverfahren umgestaltet und durch Einfügung des § 900 Abs. 2 unzweideutig bestimmt, daß die Anwesenheit des Gläubigers im Termin nicht notwendig sei. Auch wurde im letzten Halbsatz des § 900 Abs. 3 die Anordnung der Eidesleistung vor Rechtskraft der Verwerfung eines ferneren Widerspruches zugelassen, um Verschleppungen zu verhüten. Weiter wurde die ursprünglich zeitlich unbegrenzte Wirkung einer früheren Eidesleistung oder Haftvollstreckung durch §§ 903 Abs. 2, 914 Abs. 2 auf die Dauer von 5 Jahren beschränkt und die in einzelnen Ländern schon vorher im Verwaltungswege angeordnete Führung des Verzeichnisses nach § 915 zwingend vorgeschrieben. Die Novelle vom 1. Juni 1909 paßte das früher mit der Ladung des Schuldners durch den Gläubiger beginnende Verfahren dem von ihr beim Amtsgericht eingeführten Amtsbetriebe an und schrieb demgemäß durch § 900 Abs. 1 Satz 2 die Einreichung der Vollstreckungsurkunden bei Beginn des Verfahrens vor, deren Notwendigkeit bis dahin stark umstritten war. Auch wurde die Löschung aller Eintragungen in das Verzeichnis nach § 915 nach Ablauf des 5. Kalenderjahres nach der Eintragung vorgeschrieben, während sie vorher nach Ablauf der Fristen der §§ 903 Abs. 2 und 914 Abs. 2, also bei nichtvollstreckter Haft überhaupt nicht, erfolgen sollte, und § 915 Abs. 3 über das Recht auf Einsicht in das Verzeichnis und Auskunft daraus eingefügt. Die Bekanntmachung vom 13. Mai 1924 schließlich hat ohne sachliche Änderungen den Wortlaut der §§ 904, 905 und 912 den veränderten staatsrechtlichen Verhältnissen angepaßt, und die Verordnung vom 30. November 1927 (RGBl. I S. 234) hat auf Grund des Ges. v. 9. Juli 1927 (RGBl. I S. 175) in § 915 Abs. 3 die Bezeichnung „Gerichtsschreiber" durch die Bezeichnung „Geschäftsstelle" ersetzt.

Auch seit der letzten das Verfahren ändernden Zivilprozeßnovelle im Jahre 1909 sind die Klagen über die Mangelhaftigkeit gerade des Offenbarungseidsverfahrens nie verstummt und von vielen Seiten Reformvorschläge gemacht worden, die teils nur auf eine Abstellung einzelner Mängel, teils auf eine völlige Umgestaltung des Verfahrens hinausliefen [3]). Wenn man sieht, wie viele Verfahren auf Abnahme des Offenbarungseides nach § 807 ZPO. — nur dieser ist von erheblicher praktischer Bedeutung — täglich bei jedem größeren Gericht anhängig werden, wie wenige davon wirklich zur Leistung des

[3]) Vgl. dazu Fraeb im Rechtsgang III, 188 ff., in ZZP. 50, 97 und ZZP. 52, 457; Lewin Gruch. 66, 251; Diemayr LZ. 22, 579; Kallmann DJZ. 25, 661; Bartmann DJZ. 25, 1864; Arnheim AnwBl. 26, 306; Jslar DJZ. 26, 442; Wilmersdörffer LZ. 26, 805; Püschel DJZ. 28, 166; Schumann 133 ff.; Gunzenhäuser BayZ. 28, 169 u. 385; Buchmann u. Kupfer BayZ. 28, 244; Hachenburg DJZ. 29, 687; GuR. 29, 168; Schwalm 92 ff.

Eides führen, welche Schwierigkeiten dabei oft vorher zu überwinden sind und wie wenig besonders in fast allen Fällen die Leistung des Eides schließlich irgendeinem Gläubiger nützen kann, weil das Verzeichnis nur unpfändbare Gegenstände enthält, so kann man sich in der Tat des Eindrucks nicht erwehren, daß hier unendlich viel Geld, Zeit und Arbeit vollkommen nutzlos vertan wird. Unleugbar ist daran auch die gegenwärtige Ausgestaltung des Verfahrens mit schuld, aber nicht sie allein ist es, die zu Klagen Anlaß gibt: auch die Rechtsunsicherheit, die durch die mangelnde Einheitlichkeit der Rechtsprechung hervorgerufen wird [4]), ist sehr bedenklich und verhindert manchen Gläubiger an der Durchführung eines Verfahrens, das in erster oder zweiter Instanz fälschlich zu seinen Ungunsten entschieden worden ist. Besonders aber sind es zwei Umstände, die stets eine Quelle der Unzufriedenheit für den Gläubiger bilden werden: die ganz außerhalb des Verfahrens liegende, mit der Zunahme des Kreditwesens immer mehr ausgenutzte Möglichkeit, daß jedermann Schulden machen kann ohne Rücksicht darauf, ob er sie auch bezahlen kann, und die Möglichkeit, durch wenn auch noch so anfechtbare Veräußerungsgeschäfte das ganze Vermögen des Schuldners der Offenbarungspflicht zu entziehen. Dem ersten Übelstande wird nur durch wirksame Strafvorschriften gegen den Kreditbetrug, die bisher ganz fehlen, aber im Entwurf eines neuen Strafgesetzbuches bereits vorgesehen sind, und auch hierdurch nur teilweise abgeholfen werden können. Es wird trotzdem immer Schuldner geben, die auch ohne jedes Verschulden tatsächlich nicht in der Lage sind, ihre geldlichen Verpflichtungen, namentlich nicht durch Rechtsgeschäft begründete (Unterhalts-, Ersatzpflichten usw.) zu erfüllen, und in diesen Fällen, wo seit altersher „selbst der Kaiser sein Recht verlor“, wird dem Gläubiger

---

[4]) Vgl. Fraeb im Rechtsgang II, 235 ff.

niemals zu helfen sein, da der einzige Vermögenswert des Schuldners, seine Arbeitskraft, seit Abschaffung der unmöglich wieder einzuführenden Schuldknechtschaft für den Gläubiger nicht mehr verwertet werden kann. Die Wertlosigkeit einer Arbeitspflicht des freien Schuldners zur Befriedigung seiner Gläubiger beweisen zur Genüge die traurigen Erfahrungen damit in den Fällen, wo schon heute eine solche Arbeitspflicht besteht (§ 361 Z. 10 StGB.), abgesehen davon, daß eine solche Arbeitspflicht auch das Bestehen einer heute oft fehlenden Arbeitsmöglichkeit voraussetzen würde. Der zweite Mangel ließe sich theoretisch vielleicht beheben, denn es ist für den Offenbarungseid nicht begrifflich notwendig, daß sich die Offenbarungspflicht nur, wie nach geltendem Recht, auf das Vermögen zur Zeit der Eidesleistung erstreckt. Es ist deshalb auch tatsächlich in den meisten Reformvorschlägen mit großer Entschiedenheit gefordert worden, der Schuldner solle gezwungen werden, eidliche Angaben auch über anfechtbare Rechtshandlungen zu machen. Diese Forderung ist jedoch in der Praxis undurchführbar, denn die Entscheidung der oft sehr schwierigen Rechtsfrage, ob eine Veräußerung anfechtbar ist, kann natürlich nicht dem Schuldner überlassen bleiben, der in den meisten Fällen die Anfechtbarkeit mit Entrüstung verneinen würde. Es müßte also eine unzweideutige objektive Abgrenzung des Kreises der anzugebenden Veräußerungen gefunden werden, und eine solche läßt sich nicht finden. Weder die Angabe der Rechtsgeschäfte mit Angehörigen noch die Angabe der unentgeltlichen Rechtsgeschäfte verhindert die Verschiebung des Vermögens an vorgeschobene Dritte gegen ein scheinbares Entgelt; von jedem Schuldner aber die Angabe aller überhaupt vorgenommenen Veräußerungsgeschäfte auch nur des letzten Jahres zu fordern [5]) ist namentlich bei Ge-

[5]) Vgl. Donaubauer in BayZ. 29, 189 u. 30, 22.

schäftsleuten offensichtlich praktisch unmöglich[6]). Man wird sich also damit abfinden müssen, daß der Offenbarungseid auf das Vermögen des Schuldners zur Zeit der Eidesleistung wie jetzt beschränkt bleiben muß. Solange es aber möglich ist, daß, wie kürzlich in Tageszeitungen geschildert wurde, ein Schuldner im Kraftwagen und Pelzmantel, mit Brillanten geschmückt, bei Gericht vorfährt, um zu beschwören, daß er tatsächlich nichts sein eigen nenne, solange ist das ganze Verfahren so gut wie wertlos. Ich würde es daher für das beste halten, wenn die ganze Einrichtung, die in anderen Ländern, wie England und Frankreich, überhaupt unbekannt ist, auch bei uns gänzlich verschwände[7]). Man möge zum Schutz des Kreditwesens ein Verzeichnis nach Art des in § 915 vorgesehenen führen, in das auf Antrag eines Gläubigers der Schuldner eingetragen wird, wenn die Zwangsvollstreckung fruchtlos war und der Schuldner nicht binnen einer bestimmten Frist nach Rechtskraft des Urteils die Befriedigung des Gläubigers nachweist, vorbehaltlich der Löschung mit Zustimmung des Gläubigers oder beim Nachweise späterer Befriedigung. Eine Eintragung auf Grund eines nicht rechtskräftigen Urteils dagegen erscheint bedenklich, weil im Falle der Aufhebung die Wirkungen der Eintragung für den geschäftlichen Ruf des Eingetragenen erfahrungsgemäß durch die Löschung

---

[6]) Püschel DJZ. 28, 166 will den Eid auch dem verhafteten Schuldner erst nach Ladung des Gläubigers abnehmen lassen und den Schuldner zur Beantwortung von Fragen des Gläubigers über Rechtsgeschäfte aus den letzten 2 Jahren vor der Eidesleistung verpflichten mit Ausnahme derer, die im Betriebe des Geschäfts oder den gewöhnlichen Lebensverhältnissen entsprechend vorgenommen sind. Selbst dieser beste Vorschlag bringt aber keine genügend zweifelsfreie Umgrenzung der Auskunftspflicht und verliert seine Bedeutung dadurch, daß der Gläubiger doch meist dem Termin nicht beiwohnen oder keine geeigneten Fragen stellen kann. Vgl. auch § 16 Ziff. 3 VerglO.

[7]) Ebenso Wittmaack Deutsche Revue 1911, 229.

niemals vollständig wieder zu beseitigen sind. Es ist allerdings nicht zu verkennen, daß bei dem Wert, der in Wirtschaftskreisen zu unrecht auf das Offenbarungseidsverfahren gelegt wird, dieser Gedanke auf einen zurzeit noch unüberwindlichen Widerstand stoßen würde und daß deshalb mit einer Beibehaltung des jetzigen Verfahrens, wenigstens in seinen Grundzügen, noch für längere Zeit zu rechnen ist.

Zur Abstellung der wesentlichsten Mängel des Verfahrens selbst scheinen mir folgende Änderungen des Gesetzes erforderlich und ausreichend:

§ 900 Abs. 3: „Bestreitet der Schuldner im Termin seine Verpflichtung zur Leistung des Eides, so ist über den Widerspruch durch Beschluß zu entscheiden. Gegen den Beschluß findet die sofortige Beschwerde statt."

Abs. 4: „Das Vollstreckungsgericht kann anordnen, daß die Leistung des Eides erst nach Eintritt der Rechtskraft des Beschlusses zu erfolgen habe."

§ 901: „Wird der Eid nicht geleistet, ohne daß eine Anordnung nach § 900 Abs. 4 ergangen ist, so ist auf Antrag des Gläubigers gegen den Schuldner die Haft zur Erzwingung der Eidesleistung anzuordnen. Der Beschluß über die Anordnung der Haft (Haftbefehl) ist auch im Falle der Verkündung beiden Teilen von Amts wegen zuzustellen."

§ 902: „Nach Anordnung der Haft kann sich der Schuldner jederzeit beim Vollstreckungsgericht, nach der Verhaftung auch beim Gericht des Haftortes, zur Eidesleistung erbieten. Der Eid ist ihm dann von diesem Gericht unverzüglich abzunehmen. Eine Zuziehung des Gläubigers erfolgt nicht, wenn sie zu einer Verzögerung der Eidesabnahme führen würde."

§ 903: „Ein Schuldner, der den in § 807 bezeichneten Eid wirksam geleistet hat oder sich zur Erzwingung der Leistung dieses Eides insgesamt 6 Monate in Haft befunden hat, kann die Leistung des Eides verweigern, wenn nicht glaubhaft gemacht wird, daß sich inzwischen die Vermögensverhältnisse des Schuldners erheblich verändert haben.

Das gilt nicht, wenn seit der früheren Eidesleistung oder seit Beendigung der Haftvollstreckung zwei Jahre verstrichen sind."

§ 911 Satz 1: „Der Gläubiger hat die Kosten, welche durch die Haft entstehen, einschließlich der Verpflegungskosten, vor der Verhaftung für eine Woche, alsdann von Monat zu Monat vorzuschießen." Im übrigen weiter wie bisher.

§ 914: Fällt weg.

In § 915 einzufügen: gegen welche zur Erzwingung des Eides die Haft „rechtskräftig" angeordnet ist.

Die vorgeschlagene Änderung des § 900 Abs. 3 würde den Schuldner verpflichten, in der Regel vor Rechtskraft der Verwerfung seines Widerspruches den Eid zu leisten, und daher die heute jederzeit mögliche Verschleppung der Eidesleistung durch Erhebung eines offensichtlich unbegründeten Widerspruches verhindern. Zugleich würde durch die Neufassung klargestellt, daß die wirksame Erhebung eines Widerspruchs nur mündlich im Termin erfolgen kann [8]), und für die schon jetzt anerkannte Zulässigkeit der sofortigen Beschwerde die bisher nur mangelhaft zum Ausdruck gelangte, nach § 567 aber erforderliche gesetzliche Grundlage geschaffen [9]). Um in zweifelhaften Fällen dem Schuldner die Geltendmachung seiner Einwendungen vor der Eidesleistung zu gewährleisten, wäre die Möglichkeit einer Aussetzung der Eidesleistung gemäß dem vorgeschlagenen Abs. 4 erforderlich, die allerdings stets im Ermessen des Vollstreckungsgerichts stehen müßte. Diese Erweiterung des richterlichen Ermessens dürfte unbedenklich sein, wenn man sieht, welcher Spielraum ihm vor allem auf dem Gebiete des Strafprozesses gelassen wird. Die Änderung des

[8]) Vgl. § 900 Anm. 23.

[9]) Vgl. § 900 Anm. 21 u. 22.

§ 901 bezweckt besonders, durch Zustellung von Amts wegen den Lauf der Beschwerdefrist alsbald herbeizuführen und damit die Rechtskraft des Haftbefehles zu beschleunigen und ihre Kontrolle, die Voraussetzung für die Eintragung in das Verzeichnis nach § 915 sein sollte, dem Gericht zu ermöglichen. Weiter sollen die jetzt herrschenden Zweifel darüber beseitigt werden, ob die Haft auch dann angeordnet werden kann, wenn der Schuldner zum Eidestermin zwar nicht selbst erscheint, aber einen Vertreter entsendet, der, ohne die Eidespflicht zu bestreiten, nur die Abwesenheit des Schuldners mit Krankheit oder sonstigen Gründen entschuldigt [10]. Durch die vorgeschlagene Neufassung der §§ 902 und 903 soll klargestellt werden, was m. E. schon jetzt der Sinn der gesetzlichen Bestimmungen ist [11]. Die fünfjährige Frist der §§ 903 Abs. 2 und 914 Abs. 2, die nach fast allgemeiner Ansicht viel zu lang ist, wäre auf 2 Jahre zu verkürzen, weil in dieser Zeit bei der gegenwärtigen Wirtschaftslage die Vermögensverhältnisse eines Erwerbstätigen — und das sind die meisten Schuldner — sich in der Regel erheblich zu ändern pflegen und dadurch das Verlangen nach erneuter Eidesleistung gerechtfertigt wird. Deshalb erscheint auch die Glaubhaftmachung einer solchen Änderung, nicht des Erwerbs neuen Vermögens, nötig, wenn der Eid vor Ablauf der Frist erneut geleistet werden soll. Eine einjährige Frist wäre in vielen Fällen zu kurz und würde zu einer unerwünschten Häufung zweckloser Eidesleistungen führen. Die Änderung des § 911 ist besonders geeignet, einem von vielen Seiten mit Recht beklagten Übelstande abzuhelfen. In den allerseltensten Fällen kommt es tatsächlich zu einer Aufnahme des verhafteten Schuldners in das Gefängnis, da der Schuldner fast stets alsbald nach der Verhaftung sich zur Leistung des Eides bereit findet. Wenn er aber sich beharrlich

---

[10]) Vgl. § 901 Anm. 3.

[11]) Vgl. die Anm. zu §§ 902, 903.

weigert und es auf die Vollstreckung der Haft ankommen läßt, dann hat in der Regel der Gläubiger an der vollkommenen Durchführung des Haftzwanges auf seine Kosten kein Interesse und bewilligt, um die Haftkosten zu sparen, die Entlassung des Schuldners aus der Haft, wenn die Leistung des Eides nicht in den ersten Tagen nach der Verhaftung erfolgt. Tatsächlich wird also kaum ein Gläubiger bei Erteilung des Auftrages zur Verhaftung die Absicht haben, den Schuldner länger als eine Woche in Haft bleiben zu lassen, und es ist deshalb eine unbillige Belastung des Gläubigers, wenn er in allen Fällen die Haftkosten für einen ganzen Monat vorschießen muß. Wenn die Zahlung für diesen Zeitraum tatsächlich einmal erforderlich würde, so könnte sie immer noch innerhalb der ersten Woche nach der Verhaftung erfolgen. Die Eingliederung des § 914 in § 903 soll die völlige Gleichstellung dieser beiden Fälle gewährleisten und gleichzeitig die weitere Haftvollstreckung auch dann unstatthaft machen, wenn sich ein Schuldner auf Antrag mehrerer Gläubiger nacheinander insgesamt 6 Monate in Haft befunden hat, weil auch in diesem Falle die 6 Monate Haft zur Erzwingung derselben Handlung vollstreckt sind und damit ein weiterer Zwang nach § 913 ausgeschlossen sein soll. Zu erwägen wäre allerdings, ob nicht die §§ 913, 914 gänzlich fortfallen könnten, denn wer die Vornahme einer nur von seinem Willen abhängigen pflichtgemäßen Handlung grundlos verweigert, hat kein Recht auf Rücksicht. Die vorgeschlagene Änderung des § 915 soll verhüten, daß dem Schuldner durch Eintragung in die schwarze Liste auf Grund eines zu unrecht ergangenen und durch Beschwerde wieder zu beseitigenden Haftbefehles dauernde Nachteile erwachsen [12].

[12]) Zu unrecht nimmt Lubowski S. 35 (vgl. auch Pick JurRdsch. 26, 132) schon für das geltende Recht an, daß die Haftanordnung stets beiden Parteien von Amts wegen zuzustellen und erst nach Rechtskraft in das Verzeichnis nach § 915 einzutragen sei.

Als wichtigste Änderung möchte ich aber vorschlagen, auch im Zivilprozeß im Falle der weiteren Beschwerde die Entscheidung dem Reichsgericht zu übertragen, wenn ein Oberlandesgericht von einer ihm bekannten Entscheidung eines anderen Oberlandesgerichts oder des Reichsgerichts abweichen will. Durch diese Änderung, die bei der Seltenheit weiterer Beschwerden überhaupt eine erhebliche Mehrbelastung des Reichsgerichts nicht mit sich bringen würde, wäre dieses in der Lage, auch auf dem ihm bisher fast völlig vorenthaltenen Gebiete der Zwangsvollstreckung seiner Bestimmung gemäß die Einheit des deutschen Rechtes zu wahren und damit der auf dem Gebiet des Offenbarungseidsverfahrens besonders hervortretenden Rechtsunsicherheit abzuhelfen [13]).

II. Kapitel.

Das Wesen des Offenbarungseidsverfahrens.

Die Frage, wann jemand zur Leistung des Offenbarungseides verpflichtet ist, läßt sich nicht allein an Hand der ZPO. beantworten, da auch eine Reihe anderer Gesetze für gewisse Fälle eine Pflicht zur Leistung eines sogenannten Offenbarungseides begründen [1]). Praktisch von der größten Bedeutung ist jedoch der Offenbarungseid, den nach § 807 ZPO. der Schuldner einer Geldforderung zu leisten hat, aus dessen Vermögen sich der Gläubiger nicht durch Pfändung befriedigen kann. Davon unterscheidet sich der Offenbarungseid des zur Herausgabe einer Sache Verpflichteten, bei dem die Sache nicht vorgefunden wird, gemäß § 883 ZPO., der, wie bereits erwähnt, begrifflich an sich nicht ein Offenbarungseid, sondern ein Reinigungseid war, durch seine Ausgestaltung in der ZPO. aber tatsächlich zum Offenbarungseid geworden ist und in der

---

[13]) Vgl. auch Herz ZZP. 38, 346.

[1]) Siehe Anhang.

prozessualen Behandlung dem eigentlichen Offenbarungseid aus § 807 ZPO. vollkommen gleichgestellt ist. Nur in diesen beiden Fällen begründet die ZPO. eine Verpflichtung zur Leistung des Offenbarungseides, und nur auf diese Fälle beziehen sich die Bestimmungen über das Verfahren, die der 4. Abschnitt des 8. Buches der ZPO. unter der Überschrift „Offenbarungseid und Haft" enthält und die den Gegenstand dieser Abhandlung bilden. Für die anderen Fälle des Offenbarungseides gelten diese Vorschriften nur insoweit, als sie dort ausdrücklich für entsprechend anwendbar erklärt sind. Dagegen betreffen die Bestimmungen der §§ 904—913 über die Haft alle Fälle, in denen im Zivilprozeß die Haft als Zwangsmittel angeordnet werden kann, also die Haft zur Erzwingung des Zeugnisses nach § 390 Abs. 2, der Vornahme einer Handlung nach § 888, des Offenbarungseides nach § 901 und die Haft zur Vollziehung des persönlichen Arrests nach § 933. Die Zusammenfassung dieser Vorschriften mit denen über den Offenbarungseid erklärt sich daraus, daß die Haft in den meisten Fällen zur Erzwingung des Offenbarungseides angewendet wird.

Auf die Haft nach § 177 GVG., für deren Vollziehung jede gesetzliche Regelung fehlt, und die Haftstrafen wegen Ausbleibens eines Zeugen (§ 380), Verweigerung des Zeugnisses (§ 390 Abs. 1), Zuwiderhandlung gegen ein Gebot oder Verbot (§ 890) oder Ungebühr vor Gericht (§ 178 GVG.) beziehen sich die §§ 904—913 jedoch nicht, denn sie regeln, wie ihre Stellung im 8. Buche der ZPO. ergibt, nur die Haft als Mittel der Zwangsvollstreckung [2]); in den genannten Fällen aber ist die Haft, auch wenn sie mittelbar Zwangswirkungen äußert (z. B. nach § 890), in erster Linie Strafe, und ihre

[2]) Ebenso die h. M. Schwalm 57 bezeichnet allerdings fälschlich auch die Beugehaft als Zwangsstrafe; sie hat aber keinerlei Strafcharakter, sondern ist lediglich Mittel zur Willensbeugung.

Vollstreckung hat von Amts wegen nach den allgemeinen Bestimmungen über die Strafvollstreckung zu erfolgen [3]).

Der prozessuale Offenbarungseid der §§ 807 und 883 ZPO., im folgenden schlechthin Offenbarungseid genannt, setzt in der Regel die Erhebung eines Anspruches voraus, über den die ordentlichen Gerichte im bürgerlichen Rechtsstreit zu entscheiden haben, da nur für solche Ansprüche die ZPO. überhaupt anwendbar ist [4]). Zur Leistung des Offenbarungseides ist, weil die Abnahme einen Akt der Gerichtsbarkeit darstellt, nicht verpflichtet, wer als Exterritorialer der inländischen Gerichtsbarkeit nicht unterworfen ist (§§ 18, 19 GVG.) [5]).

Der Offenbarungseid hat den Zweck, dem Gläubiger, der durch die Zwangsvollstreckung keine Befriedigung finden kann, Gewißheit darüber zu verschaffen, ob und welche Möglichkeiten einer erfolgverheißenden Zwangsvollstreckung gegen den Schuldner noch bestehen, und ihm so gegebenenfalls eine weitere Zwangsvollstreckung zu ermöglichen. Zu diesem Zwecke muß der Schuldner im Falle des § 807 ein Verzeichnis seines Vermögens anfertigen und dessen Vollständigkeit beschwören, im Falle des § 883 aber schwören, daß ihm über den Verbleib der herauszugebenden Sache nichts bekannt sei, und um diesen Eid leisten zu können, muß er zunächst alles angeben, was er etwa doch in dieser Richtung weiß. Das

[3]) Vgl. Förster-Kann § 890 Anm. 3 u. 5.

[4]) Allerdings ist für eine Reihe anderer Ansprüche durch besondere Bestimmung die Zwangsvollstreckung nach den Vorschriften der ZPO. ausdrücklich zugelassen (siehe Kap. III Abschn. 15); wegen dieser Ansprüche kann also auch der Offenbarungseid gefordert werden. Vgl. auch Stein-Jonas, Vorbem. II B 2 vor § 1.

[5]) Konsuln sind nach § 21 GVG. in der Regel der inländischen Gerichtsbarkeit unterworfen und gegebenenfalls zur Leistung des Eides an sich verpflichtet, doch können sie meist nicht dazu gezwungen werden, weil ihre Verhaftung durch die Konsularverträge gewöhnlich ausgeschlossen ist, wenn sie dem Staate angehören, der sie ernannt hat; vgl. Stein-Jonas § 377 III 2.

Offenbarungseidsverfahren zielt also nicht unmittelbar auf eine Befriedigung des Gläubigers ab und kann auch nicht unmittelbar dazu führen; sein Ziel ist vielmehr die Feststellung von Tatsachen, die für eine weitere Vollstreckung von Bedeutung sein können. Das Verfahren ist mithin begrifflich ein Beweisaufnahmeverfahren, und nicht ganz mit Unrecht hat die gemeinrechtliche Theorie den Offenbarungseid ursprünglich unter der Lehre von den Beweismitteln behandelt. Der dagegen erhobene Einwand [6]), das Offenbarungseidsverfahren sei keine Beweisaufnahme, weil der Schuldner dabei etwas zu offenbaren habe, was dem Gläubiger noch nicht bekannt war und von ihm deshalb nicht behauptet werden konnte, die Beweisaufnahme aber nur eine Nachprüfung tatsächlicher Behauptungen einer Partei sein könne, ist insofern unrichtig, als dies begrifflich nicht zur Beweisaufnahme gehört. Zwar setzt im gegenwärtigen Prozeß eine Beweisaufnahme in der Regel voraus, daß über die Tatsachen, über die Beweis erhoben werden soll, seitens einer Partei Behauptungen aufgestellt werden. Das ist aber nur ein Ausfluß der unseren Zivilprozeß beherrschenden Verhandlungsmaxime, die auch hier nicht lückenlos durchgeführt ist; so ist z. B. in Ehesachen das Gericht zu einer Beweisaufnahme auch von Amts wegen befugt, ohne daß über die nachzuprüfenden Tatsachen tatsächliche Behauptungen seitens der Parteien aufgestellt worden wären (§ 622 ZPO.). Es besteht kein Bedenken, auch in der Zwangsvollstreckung insoweit Ausnahmen von dem Verhandlungsprinzip zuzulassen und deshalb auch die Abnahme des Offenbarungseides als eine Beweisaufnahme zu betrachten.

Immerhin verfolgt aber das Offenbarungseidsverfahren mittelbar den Zweck, dem Gläubiger zur zwangsweisen Durchführung seines vollstreckbaren Anspruches zu verhelfen, und das

---

[6]) Vgl. Francke 21 ff.

Verfahren muß daher begrifflich als ein Teil der Zwangsvollstreckung angesehen werden. Dem hat die ZPO. auch dadurch Rechnung getragen, daß sie die Bestimmungen über den Offenbarungseid in das 8. Buch eingliederte, das die Zwangsvollstreckung umfaßt. Es ist denn auch fast allgemein anerkannt, daß das Offenbarungseidsverfahren nach positivem Recht als Zwangsvollstreckung anzusehen sei[7]).

Das Offenbarungseidsverfahren stellt sich hiernach als eine nach besonderen Vorschriften erfolgende Beweisaufnahme innerhalb der Zwangsvollstreckung wegen eines privaten Rechtsanspruches dar. Eine Besonderheit im Verfahren bildet der Fall, daß der Schuldner seine Verpflichtung zur Leistung des Eides unter Angabe eines Grundes bestreitet. Über diesen Widerspruch ist dann nach § 900 Abs. 3 im besonderen Verfahren zu entscheiden, dessen Beendigung Vorbedingung für die weitere Durchführung des Offenbarungseidsverfahrens ist. Dieses Widerspruchsverfahren ist demgemäß begrifflich nichts anderes als ein Zwischenstreit, der durchaus dem Zwischenstreit über die Zeugnisverweigerung nach §§ 386 ff. ZPO. entspricht[8]).

Aus der so gewonnenen Begriffsbestimmung folgt zunächst, daß das Offenbarungseidsverfahren ein Teil des Zivilprozesses ist und deshalb den hierfür geltenden allgemeinen Grundsätzen unterliegt. Insbesondere ist das Verfahren — was an sich begrifflich nicht notwendig wäre — als Parteiprozeß wie jeder andere Zivilprozeß ausgestaltet, indem sich zwei Beteiligte, Gläubiger und Schuldner, gegenüberstehen. Dieser Grundsatz, daß das Verfahren nur zwischen den beiden beteiligten Parteien sich abspielt, ist aber in einem wichtigen Punkte durchbrochen. Seine konsequente Durchführung würde

---

[7]) A. M. nur Hoßfeld ZZP. 51, 134.

[8]) Schmidt 1003.

[9]) So auch Weigelin, BayZ. 30, 99.

zur Folge haben, daß ein Schuldner jedem Gläubiger gegenüber im besonderen Verfahren den Offenbarungseid besonders zu leisten hätte, obwohl im Falle des § 807, wenn die Eidesleistungen zeitlich nicht allzu weit auseinander liegen, in der Regel der Inhalt der zu leistenden Eide im wesentlichen der gleiche wäre. Die Wiederholung der Eidesleistung im neuen Verfahren wäre also zwecklos und würde nur zu einer unerwünschten Häufung der Eide führen, deren Zahl man schon lange nach Möglichkeit zu beschränken sucht. Deshalb braucht ein Schuldner nach der ausdrücklichen Bestimmung des § 903 innerhalb eines Zeitraumes von 5 Jahren, wenn er nicht neues Vermögen erwirbt, den Eid nach § 807 allen Gläubigern gegenüber nur einmal zu leisten. Es sind also alle die Gläubiger, die während der fünfjährigen Frist einen vollstreckbaren Anspruch gegen den gleichen Schuldner haben, hinsichtlich des prozessualen Anspruches auf Leistung dieses Offenbarungseides sozusagen Gesamtgläubiger[9]), um hier diesen dem bürgerlichen Recht entnommenen Ausdruck zu gebrauchen, und da der Eid ihnen allen gegenüber geleistet wird, muß man sie auch alle im weiteren Sinne als Parteien des Verfahrens ansehen[10]) und ihnen die Rechte einer Partei in dem Verfahren zubilligen, in dem es zur Leistung des Eides kommt. Insbesondere ist ihnen nach § 299 ZPO. ein unmittelbares Recht auf Einsicht in die Akten dieses Verfahrens und Erteilung von Abschriften daraus zuzubilligen[11]), und man

---

[10]) Neubürger, JW. 13, 759; Fraeb, ZZP. 54, 168. Vgl. OLG. Zweibrücken, BayZ. 28, 105.

[11]) Ebenso LG. Hof JurRdsch. 05, 300; Conze DJZ. 09, 487; Neubürger JW. 13, 759; Hein 594; Falkmann 982; Fraeb Rechtsgang II, 223; Förster-Kann § 915 Anm. 4; Baumbach § 903 Anm. 3; Kuhnt JW. 13, 455, der allerdings § 760 entsprechend anwenden will. Vermittelnd Lubowski 48 ff., der dem Gläubiger, gegen dessen Eidesverlangen der Schuldner nach § 903 Widerspruch erhebt, ein unmittelbares Recht auf Einsicht und Abschrift zugesteht.

kann nicht, wie die herrschende Meinung es tut[12]), ihnen nur die Möglichkeit zuerkennen, mit Erlaubnis des Gerichtsvorstandes Kenntnis vom Inhalt dieser Akten zu erhalten.

Damit nun die Gläubiger, denen gegenüber so ohne ihr Wissen der Offenbarungseid geleistet worden ist, sich vor Stellung eines neuen Antrages möglichst von dessen Zulässigkeit überzeugen können — daneben aber auch im Interesse des Kreditverkehrs —, wird bei dem Vollstreckungsgericht das in § 915 vorgesehene Schuldnerverzeichnis, die sogenannte schwarze Liste, geführt. Die Einträge in dieses Verzeichnis geschehen nicht zugunsten des einzelnen Gläubigers, sondern im öffentlichen Interesse, bilden also keinen Teil des Verfahrens zwischen dem beteiligten Gläubiger und dem Schuldner. Sie stellen sich vielmehr begrifflich als ein Akt der freiwilligen Gerichtsbarkeit dar, der nur des Zusammenhanges wegen an dieser Stelle der Prozeßordnung seine Regelung gefunden hat.

Sonst aber ist der Grundsatz des Parteiprozesses auch im Offenbarungseidsverfahren streng durchgeführt, die in einem solchen Verfahren etwa ergehenden Entscheidungen wirken also nur gegenüber dem Gläubiger, der das Verfahren betrieb, und auch nur hinsichtlich des Anspruches, wegen dessen er den Eid fordert. Tut er das nur wegen einer Teilforderung, so ist es ihm also unbenommen, nach rechtskräftiger Abweisung seines Antrages doch wegen eines zunächst nicht geltend gemachten Teiles seines Anspruches ein neues Verfahren ebensogut einzuleiten wie auf Grund eines anderen Schuldtitels[13]).

Da das Verfahren einen Teil des Zivilprozesses bildet, finden die allgemeinen Bestimmungen der ZPO., die allgemeinen Regeln über das Verfahren und die Bestimmungen

---

[12]) Vgl. die preuß. JMVerf. v. 13. 6. 08, JMBl. S. 242.

[13]) A. M. LG. Köln ZZP. 31, 528 u. Stein-Jonas § 900 N. 50.

über Rechtsmittel auch darauf Anwendung, soweit sie nicht ihrer Natur nach sich auf das Offenbarungseidsverfahren nicht beziehen können oder mit den dafür gegebenen besonderen Bestimmungen in Widerspruch stehen. Voraussetzung für die Zulässigkeit des Offenbarungseidsverfahrens ist insbesondere ebenso wie für jeden Zivilprozeß das Bestehen eines Rechtsschutzbedürfnisses; denn auf die Gewährung staatlicher Hilfe zur Verwirklichung seiner Ansprüche hat nur derjenige ein Recht, der dieser Hilfe tatsächlich bedarf. Den Offenbarungseid kann also nicht verlangen, für wen die Leistung dieses Eides kein Interesse hat, sei es, weil ihm schon vorher bekannt ist, was durch das Offenbarungseidsverfahren festgestellt werden soll [14]), sei es, weil schon von vornherein feststeht, daß der Gläubiger nicht imstande ist, die durch das Offenbarungseidsverfahren erlangte Kenntnis praktisch für weitere Vollstreckungsmöglichkeiten auszunützen [15]).

Da ferner das Offenbarungseidsverfahren zur Zwangsvollstreckung gehört, unterliegt es auch den allgemeinen Bestimmungen der ZPO. über die Zwangsvollstreckung, soweit sie sich zur Anwendung im Offenbarungseidsverfahren eignen. Die Regelung des Verfahrens selbst in der ZPO. ist äußerst dürftig; außer den §§ 807 und 883, die die Voraussetzungen für die Verpflichtung der Leistung des Offenbarungseides begründen, befassen sich nur die §§ 899—903, 914 und 915 unmittelbar damit, die §§ 904 bis 913 über die Zwangshaft dagegen nur mittelbar insofern, als die Zwangshaft vorwiegend

[14]) Z. B., wenn er noch kurz vor Beginn des Verfahrens gesetzlicher Vertreter des Schuldners war; vgl. OLG. Dresden Rspr. 37, 185; KG. Rspr. 23, 221; Stein-Jonas § 807 II 6; OLG. Dresden SeuffBl. 77, 295; OLG. Rostock MecklZ. 44, 669.

[15]) Etwa, weil der herauszugebende Gegenstand im Falle des § 883 erkennbar zum eingebrachten Gut der Schuldnerin gehört und ihr Ehemann zur Duldung der Zwangsvollstreckung nicht verpflichtet ist; vgl. § 883 Anm. 3.

zur Erzwingung des Offenbarungseides in Anwendung kommt. Inwieweit dagegen die allgemeinen Bestimmungen der ZPO. über das Verfahren im allgemeinen und über die Zwangsvollstreckung auch für das Offenbarungseidsverfahren gelten, ist aus dem Gesetz nicht unmittelbar ersichtlich; es erscheint deshalb erforderlich, dies für jede einzelne Bestimmung zu prüfen, und im folgenden soll die Frage behandelt werden, was hiernach im Offenbarungseidsverfahren an Vorschriften gilt, die außerhalb des Abschnittes über den Offenbarungseid selbst stehen.

III. Kapitel.

Gültigkeit allgemeiner Bestimmungen im Offenbarungseidsverfahren.

Für die Frage, welche allgemeinen Bestimmungen im Offenbarungseidsverfahren Anwendung finden können, ist die systematische Einteilung der ZPO. nicht unbedingt maßgebend. Zwar enthält das erste Buch der ZPO. im wesentlichen die allgemeinen Bestimmungen, die grundsätzlich für alle nach den Vorschriften der ZPO. zu behandelnden Verfahrensarten gelten, während die Vorschriften des zweiten Buches über das Verfahren in erster Instanz sich nur auf die Verhandlung bis zur Fällung des Urteils, nicht aber auf die Zwangsvollstreckung beziehen, die nicht allgemein als zur ersten Instanz gehörig bezeichnet werden kann. Trotzdem sind auch im zweiten Buche der ZPO. eine Reihe von Bestimmungen enthalten, die auch außerhalb des Verfahrens in erster Instanz Gültigkeit haben. Weiter sind im dritten Buche der ZPO. die Rechtsmittel behandelt, deren Anwendbarkeit auch im Offenbarungseidsverfahren möglich ist, soweit die Voraussetzungen dafür vorliegen. Schließlich enthält das achte Buch die allgemeinen Bestimmungen über die Zwangsvollstreckung, zu der ja auch das Offenbarungseidsverfahren gehört. Hiernach ergibt sich die Anwendbarkeit folgender Vorschriften im Offenbarungseidsverfahren:

1. Abschnitt.

Parteifähigkeit und Prozeßfähigkeit.

Parteifähigkeit und Prozeßfähigkeit gehören zu den Prozeßvoraussetzungen jedes Prozesses, müssen also auch im Offenbarungseidsverfahren gegeben sein [1]. Ihr Mangel ist nach § 56 von Amts wegen zu berücksichtigen. Die danach erforderliche Prüfung wird auch dadurch nicht entbehrlich, daß sie schon im vorausgegangenen Rechtsstreit vorgenommen werden mußte. Ist also dort der Mangel der Parteifähigkeit übersehen worden — z. B. wenn, was häufig vorkommt, eine nicht rechtsfähige und daher nach § 50 nicht parteifähige bürgerlich-rechtliche Gesellschaft von Minderkaufleuten als Partei unter einer Bezeichnung auftritt, die den Anschein einer Firma einer Handelsgesellschaft erweckt —, so wird dadurch das Offenbarungseidsverfahren für oder gegen die nicht parteifähige Personenvereinigung nicht zulässig. Hieran ändert auch die Rechtskraft des im Prozeß ergangenen Urteils nichts [2], da die Partei- und Prozeßfähigkeit nicht auf Einwand einer Partei, sondern in jedem Stadium des Verfahrens von Amts wegen zu beachten ist. Nur wenn eine in dem Verfahren ergangene Entscheidung die Partei- oder Prozeßfähigkeit einer Partei ausdrücklich rechtskräftig feststellt, muß sie für dieses Verfahren als gegeben angesehen werden.

---

[1]) Ebenso Förster-Kann Vorbem. 5 b gg vor § 704, der allerdings für Vollstreckungsmaßnahmen ohne Zuziehung des Schuldners eine Ausnahme macht.

[2]) A. M. Stein-Jonas § 50 VII 1, wonach mit der Rechtskraft des Urteils alle die Parteifähigkeit betreffenden Einwendungen abgeschnitten sein sollen.

Ein an sich nicht parteifähiger Verein ohne Rechtsfähigkeit kann nach § 50 Abs. 2 verklagt werden und hat dann in dem Rechtsstreit, zu dem auch die Zwangsvollstreckung einschließlich des Offenbarungseidsverfahrens gehört, die Stellung eines rechtsfähigen Vereins, genießt also hierfür die Parteifähigkeit. Erlangt er durch den gegen ihn angestrengten Prozeß selbst einen Vollstreckungstitel, z. B. durch eine Widerklage oder eine Kostenentscheidung zu seinen Gunsten, so kann er daraus die Zwangsvollstreckung betreiben und den Gegner zum Offenbarungseid zwingen. Andererseits kann auch von dem nicht rechtsfähigen Verein, der in diesem Falle durch seinen Vorstand gesetzlich vertreten wird, die Leistung des Offenbarungseides gefordert werden — allerdings nur über das Vermögen des Vereins, nicht über das seiner Mitglieder, obgleich diese für die Verbindlichkeiten des Vereins haften. Dagegen kann aus einem Urteil gegen den Verein nicht ohne Umschreibung der Vollstreckungsklausel die Zwangsvollstreckung gegen seine Mitglieder betrieben werden, und diese sind zur Leistung des Eides für den Verein, wenn sie nicht Vorstandsmitglieder sind, auch nach Auflösung des Vereins nicht verpflichtet [3]).

Da der Zwang zur Leistung des Offenbarungseides nur gegen natürliche Personen durchgeführt werden kann, müssen im Offenbarungseidsverfahren die Personen, die den Eid leisten sollen, namentlich bezeichnet werden; die Leistung des Eides kann also nicht von einer Firma, sondern nur von ihrem Inhaber gefordert werden. Das zwingt den Gläubiger dazu, im Offenbarungseidsverfahren aufzudecken, wer sich hinter der als Partei bezeichneten Firma des Schuldners verbirgt [4]).

[3]) A.M. OLG. Rostock Rspr. 25, 175 u. Hein 563; vgl. auch Nußbaum JJP. 34, 131; Stein-Jonas § 807 N. 44; Förster-Kann § 735 Anm. 2 u. 3.

[4]) Stein-Jonas § 727 IV.

Ist das eine Gesellschaft, so bleibt sie Partei, und die zur Vertretung berechtigten Gesellschafter haben nur als ihre Vertreter, nicht selbst als Schuldner den Eid zu leisten [5]). Fällt die Parteifähigkeit einer Partei während des Offenbarungseidsverfahrens weg, so wird seine Fortsetzung unzulässig. Dieser Fall kann aber nur bei nicht natürlichen Personen eintreten. Der Tod einer Partei bedeutet nicht den Verlust ihrer Parteifähigkeit, sondern, da der Erbe an ihre Stelle tritt, nur einen Wechsel in der Person der Partei.

Prozeßfähig ist nach geltendem Recht im allgemeinen und für das Offenbarungseidsverfahren im besonderen nur eine in der Geschäftsfähigkeit nicht beschränkte natürliche Person (§ 52). Die Ausnahmen von diesem Grundsatz kommen für das Offenbarungseidsverfahren nicht in Betracht, denn zu den Rechtsgeschäften, für die ein beschränkt Geschäftsfähiger nach §§ 112, 113 BGB. geschäftsfähig und daher prozeßfähig ist, gehört die Leistung des Offenbarungseides nicht [6]), die Erweiterung der Prozeßfähigkeit in Ehe-, Kindschafts- und Entmündigungssachen aber (§§ 612, 641, 664) gilt nach Sinn und Zweck dieser Bestimmungen nur für das Erkenntnisverfahren, nicht aber für eine daraus etwa sich ergebende Zwangsvollstreckung. Auch § 473 Abs. 2 und 3 gelten im Offenbarungseidsverfahren nicht [7]).

Alle hiernach nicht prozeßfähigen Parteien müssen auch im Offenbarungseidsverfahren ständig durch die nach den gesetzlichen Bestimmungen zu ihrer gesetzlichen Vertretung

---

[5]) A. M. Bondi ZZP. 32, 221, der alle Gesellschafter, auch die nicht vertretungsberechtigten, als die eidespflichtigen Schuldner ansieht.

[6]) Der Widerruf der Genehmigung zum selbständigen Geschäftsbetrieb, wegen dessen OLG. Breslau Rspr. 35, 141 wie hier entschieden hat, war also unerheblich.

[7]) Bondi ZZP. 32, 227; Schönfeld 24; Francke 35; Förster-Kann § 807 Anm. 5; a.M. LG. I Berlin JW. 04, 578; Schumann 61.

berufenen Personen vertreten sein, was nach § 56 gleichfalls von Amts wegen zu beachten ist. Steht die gesetzliche Vertretung mehreren zu, so ist jeder von ihnen zur Leistung des Offenbarungseides verpflichtet, der Gläubiger kann sich jedoch darauf beschränken, den Eid nur von einzelnen zu fordern. Wer nur Stellvertreter des gesetzlichen Vertreters ist, etwa des Vorstandes einer AktG. oder des Geschäftsführers einer GmbH., kann zur Eidesleistung nur dann herangezogen werden, wenn der gesetzliche Vertreter selbst an der Leistung des Eides rechtlich — weil er selbst der Gegner ist — oder tatsächlich, z. B. durch Krankheit oder längere Abwesenheit, behindert ist [8]). Die Person, von der die Leistung des Eides gefordert wird, muß auch noch zur Zeit der Eidesleistung gesetzlicher Vertreter des Schuldners sein [9]). Verliert sie diese Eigenschaft, so wird die Anwendung des weiteren Zwanges ihr gegenüber auch nach Rechtskraft eines etwa ergangenen Haftbefehls unstatthaft [10]) und die Fortführung des Verfahrens selbst unzulässig, wenn nicht ein anderer gesetzlicher Vertreter hinzugezogen wird [11]), gegen den etwaige Zwangsmaßnahmen erneut angeordnet werden müssen. Ob das Erlöschen der Vertretungsbefugnis ins Handelsregister eingetragen ist, spielt keine Rolle [12]), da die Eintragung lediglich feststellende Bedeutung hat. Auch § 15 HGB. begründet keine Möglichkeit, einen tatsächlich ausgeschiedenen gesetzlichen Vertreter noch als solchen zu behandeln, wenn die Unrichtigkeit der Eintragung im Handelsregister feststeht. Gegenüber der öffentlich-recht-

---

[8]) A. M. LG. I Berlin Goldmann 129.

[9]) Bondi ZZP. 32, 221; Förster-Kann § 807 Anm. 5.

[10]) Dresden SächsOLG. 32, 56.

[11]) Vgl. Fraeb ZZP. 54, 275.

[12]) OLG. Rostock Rspr. 24, 157; LG. I Berlin u. Hachenburg JW. 26, 876. A. M. OLG. Dresden Rspr. 6, 144; LG. Hamburg JahrbDR. 27, 1190; LG. Hamburg HansGZ. 26 B 11; Fraeb ZZP. 52, 216.

lichen Pflicht des Gerichts zur Prüfung der Vertretungsbefugnis versagt der Grundsatz des § 15 HGB., der nur im rechtsgeschäftlichen Verkehr gilt [13]). Doch wird, wenn das Erlöschen der Vertretungsbefugnis noch nicht ins Handelsregister eingetragen ist, besonders sorgfältig zu prüfen sein, ob es wirklich eingetreten ist oder ob etwa der bisherige gesetzliche Vertreter die Vertretung nur zum Schein niedergelegt hat, um die Durchführung des Verfahrens zu vereiteln [14]).

Fehlt es an einem gesetzlichen Vertreter oder ist der einzige gesetzliche Vertreter einer Partei rechtlich an der Ausübung der Vertretung verhindert, so ist die Durchführung des Offenbarungseidsverfahrens unmöglich. § 57 ist nicht anwendbar, weil sich die Bestimmung ihrem Wortlaut nach nur auf den Fall der Klageerhebung bezieht, der hiernach bestellte besondere Prozeßvertreter auch die zur Leistung des Eides nötige Kenntnis nicht haben kann. Deshalb kann mangels eines Rechtsschutzbedürfnisses der nach § 57 bestellte besondere Prozeßvertreter auch nicht zur Leistung des Offenbarungseides gezwungen werden; selbst wenn zur Zeit der Zwangsvollstreckung seine Vertreterstellung noch nicht beendet ist.

2. Abschnitt.

Prozeßbevollmächtigte und Beistände.

Auch im Offenbarungseidsverfahren können sich beide Parteien nach § 79 durch jede prozeßfähige Person als Bevollmächtigten vertreten lassen, soweit nicht, wie gerade für die Eidesleistung selbst, eine Vertretung ausdrücklich ausgeschlossen ist (§ 478). Das Erfordernis der Prozeßfähigkeit des Vertreters verbietet eine Vertretung durch juristische Personen,

---

[13]) Vgl. RGZ. 93, 240.

[14]) Stein-Jonas § 807 N. 44; vgl. auch OLG. Karlsruhe BadRPr. 29, 4.

wie Treuhandgesellschaften, Gläubigerschutzverbände usw. Sollen diese eine Partei vertreten, so muß die Vollmacht auf den Namen der für sie handelnden natürlichen Personen lauten [1]). Anwaltszwang gilt für das Verfahren im allgemeinen nicht, da es nicht vor den Kollegialgerichten stattfindet. Eine Ausnahme bildet nur eine etwaige mündliche Verhandlung in der Beschwerdeinstanz, in der sich die Parteien nach § 78 nur durch bei dem Beschwerdegericht zugelassene Rechtsanwälte vertreten lassen können.

Die Vollmacht, deren Mangel das Gericht von Amts wegen zu beachten hat (§ 88 Abs. 2), muß schriftlich erteilt werden und ist zu den Gerichtsakten abzugeben (§ 80). Ist das schon im vorausgegangenen Rechtsstreit geschehen, so bedarf es keiner neuen Vollmacht für das Offenbarungseidsverfahren, da die erste die Befugnis zur Vertretung in der gesamten Zwangsvollstreckung umfaßt (§ 81). Das Vollstreckungsgericht, das die Vollmacht gleichwohl zu prüfen hat, wird den Beweis ihrer Erteilung in der Regel dadurch als geführt ansehen können, daß der Bevollmächtigte im Urteil als solcher aufgeführt ist, wenn dieses von einem Amtsgericht erlassen ist, da dann das Urteil erst nach Beibringung der Vollmacht verkündet werden dürfte (§ 89) [2]). Fand der Prozeß vor einem Kollegialgericht statt oder hat das Vollstreckungsgericht Bedenken gegen das Bestehen der Vollmacht, so kann es zum Nachweis ihrer Erteilung die Beibringung der Vollmachtsurkunde und auf Antrag des Gegners sogar deren öffentliche Beglaubigung anordnen (§ 80 Abs. 2).

Das Erlöschen der Vollmacht wird dem Gegner und dem

---

[1]) A. M. Stein-Jonas § 80 II 3 a, der unzulässige Vollmachten entsprechend umdeuten will. Sie werden aber meist die Namen der gesetzlichen Vertreter nicht enthalten, und das erscheint unbedingt erforderlich.

[2]) Stein-Jonas § 80 VII.

Gericht gegenüber erst durch Anzeige wirksam, die allerdings auch stillschweigend durch schlüssige Handlungen erfolgen kann [3]). Sie wird insbesondere darin zu erblicken sein, daß eine Partei, deren Prozeßbevollmächtigter nicht am Sitze des Vollstreckungsgerichts wohnt, sich persönlich auf das Offenbarungseidsverfahren einläßt.

In entsprechender Anwendung von § 89 können auch Bevollmächtigte ohne schriftliche Vollmacht zugelassen werden; jedoch darf dann vor Beibringung der Vollmacht weder die Abnahme des Eides erfolgen, die das Verfahren beendigen würde, noch eine Entscheidung über die Eidespflicht ergehen. Vor Zulassung solcher Personen als Vertreter des Schuldners wird deshalb sorgfältig zu prüfen sein, ob der Schuldner mit ihrer Entsendung nicht etwa nur eine Verschleppung des Verfahrens beabsichtigt.

Im Termin können die Parteien nach § 90 auch mit einer prozeßfähigen Person als Beistand erscheinen.

Da die Prozeßvollmacht für einen Prozeß in jedem Falle sich auch auf die darauffolgende Zwangsvollstreckung erstreckt (§ 81), mag auch zwischen dem Prozeß und der Zwangsvollstreckung noch so lange Zeit vergangen sein, so müssen im Offenbarungseidsverfahren die Prozeßbevollmächtigten erster Instanz der Parteien stets als Bevollmächtigte behandelt werden; insbesondere dürfen Zustellungen nur an sie erfolgen, solange nicht das Erlöschen der Vollmacht dem Gericht oder dem Gegner, wenn die Zustellung auf sein Betreiben erfolgt, angezeigt ist [4]).

3. Abschnitt.

Streitgenossenschaft.

Die Bestimmungen über die Streitgenossenschaft sind für das Offenbarungseidsverfahren von geringer praktischer Be-

[3]) Stein-Jonas § 87 II.

[4]) Siehe 9. Abschn.

deutung [1]). Sie beziehen sich, wie der Wortlaut der §§ 59 und 60 ergibt („klagen und verklagt werden"), zunächst nur auf das Erkenntnisverfahren. Es bestehen aber keine Bedenken, einen gemeinschaftlichen Antrag mehrerer Gläubiger gegen denselben Schuldner auf Abnahme des Offenbarungseides zuzulassen, namentlich wenn die Gläubiger den vorausgegangenen Prozeß schon als Streitgenossen betrieben hatten. Dann und im Falle der Verbindung mehrerer Offenbarungseidsverfahren durch das Gericht tritt auf seiten der Gläubiger eine Streitgenossenschaft ein, die jedoch im allgemeinen keine notwendige ist, da die Verpflichtung des Schuldners zur Eidesleistung nicht gegenüber allen Gläubigern zu bestehen braucht. Nur wenn der der Zwangsvollstreckung zugrunde liegende Anspruch mehreren Gläubigern lediglich gemeinschaftlich zusteht, besteht zwischen ihnen eine notwendige Streitgenossenschaft, da in diesen Fällen die Zwangsvollstreckung nur von allen Gläubigern gemeinsam betrieben werden kann.

Auch auf der Schuldnerseite ist eine Streitgenossenschaft möglich, wenn von mehreren Gesamtschuldnern im selben Verfahren die Leistung des Eides gefordert wird. Die Streitgenossenschaft ist jedoch in diesem Falle niemals eine notwendige, da die Pflicht zur Eidesleistung eine rein persönliche ist und ihr Bestehen für jeden einzelnen Schuldner besonders geprüft werden muß.

Nur in den Fällen der notwendigen Streitgenossenschaft wirkt ein von einem Streitgenossen eingelegtes Rechtsmittel, z. B. gegen die Zurückweisung des Antrages auf Abnahme des Offenbarungseides, auch zugunsten der übrigen Streitgenossen, soweit gegen sie die angefochtene Entscheidung noch nicht rechtskräftig geworden ist. Dagegen sind Rechtsmittel des Gegners nur gegenüber allen notwendigen Streitgenossen

[1]) Nach Förster-Kann Vorbem. 6 vor § 704 sollen sie in der Zwangsvollstreckung überhaupt unanwendbar sein.

möglich, das gegen einen einzelnen eingelegte Rechtsmittel also als unzulässig zu verwerfen, wenn nicht etwa die Einlegung gegenüber den übrigen noch rechtzeitig nachgeholt wurde [2]).

Im übrigen steht nach § 61 jeder Streitgenosse für sich, und nur die Ladung zum Termin, die im Offenbarungseidsverfahren stets von Amts wegen erfolgt, muß nach § 63 allen Streitgenossen zugestellt werden.

4. Abschnitt.

Zuständigkeit.

Die sachliche Zuständigkeit und der Gerichtsstand sind durch § 899 für das Offenbarungseidsverfahren besonders geregelt. Ergänzt werden diese Bestimmungen durch die §§ 35 bis 37, die auch im Offenbarungseidsverfahren anwendbar sind [1]). Danach hat unter mehreren zuständigen Gerichten der Gläubiger die Wahl [2]), und in den Fällen des § 36 Ziff. 1, 2 und 6, die allein im Offenbarungseidsverfahren praktisch werden können — Behinderung des zuständigen Gerichts, Ungewißheit über die Zuständigkeit mit Rücksicht auf die Grenzen der Gerichtsbezirke und rechtskräftiger Ausspruch der Unzuständigkeit seitens verschiedener Gerichte, von denen eins zuständig sein muß —, hat das im Instanzenzuge zunächst höhere Gericht auf Antrag des Gläubigers, für den, obwohl er sich an ein Kollegialgericht wendet, kein Anwaltszwang besteht [3]) und über den ohne mündliche Verhandlung durch einen nur im Falle der Ablehnung mit der Beschwerde anfechtbaren Beschluß entschieden werden kann, das zuständige Gericht zu be-

---

[2]) RGZ. 61, 399.

[1]) A. M. Förster-Kann Vorbem. 6 vor § 704.

[2]) Seuffert § 899 Anm. 1.

[3]) Stein-Jonas § 37 I.

stimmen. Das im Instanzenzuge zunächst höhere Gericht ist im Falle des § 36 Ziff. 1 das übergeordnete Landgericht, in den Fällen der Ziff. 2 und 6 das gemeinschaftliche obere Gericht. Ist dieses das Reichsgericht und liegen alle beteiligten Gerichte in Preußen, so entscheidet nach der preußischen JM.-Verfügung vom 18. Juni 1910, JMBl. S. 217, in Verbindung mit Art. 5 des Reichsgesetzes vom 22. Mai 1910, RGBl. S. 767, an Stelle des Reichsgerichts das Kammergericht. Die Zuständigkeit ist nach § 802 eine ausschließliche. Sie ist daher von Amts wegen zu prüfen und kann durch Vereinbarung der Parteien nicht geändert werden (§ 40 Abs. 2). Sie muß in der Regel zur Zeit der Einleitung des Verfahrens begründet sein, das nach § 900 nicht mehr mit der Zustellung der Ladung, sondern schon mit der Einreichung des Antrages auf Abnahme des Eides beim Vollstreckungsgericht beginnt. Doch genügt es, wenn die die Zuständigkeit begründenden Tatsachen eintreten, bevor eine Entscheidung über den Antrag erfolgt. Sonst aber bleibt durch eine Veränderung dieser Umstände während des Verfahrens die einmal begründete Zuständigkeit auch im Offenbarungseidsverfahren unberührt [4]).

5. Abschnitt.

Ausschließung und Ablehnung von Gerichtspersonen.

Die Bestimmungen der §§ 41—49 sind auf das Offenbarungseidsverfahren in vollem Umfange unmittelbar anwendbar. Erhebt jedoch der Schuldner in diesem Verfahren Einwendungen gegen die Rechtmäßigkeit des der Vollstreckung zugrunde liegenden Schuldtitels, so ist die Mitwirkung des Vollstreckungsrichters bei der Schaffung dieses Schuldtitels nicht geeignet, seine Ausschließung nach § 41 Ziff. 6 oder seine Ablehnung zu begründen, da das Erkenntnisverfahren nicht

[4]) Crasemann DJZ. 11, 251 ff.

als frühere Instanz im Verhältnis zur Zwangsvollstreckung angesehen werden kann.

6. Abschnitt.

Kosten.

Die Kosten des Offenbarungseidsverfahrens gehören zu den Kosten der Zwangsvollstreckung und sind nach §§ 788, 91, ohne daß es einer besonderen Festsetzung bedürfte, zugleich mit dem Hauptanspruch beizutreiben [1]), soweit sie zur zweckentsprechenden Rechtsverfolgung notwendig waren. Dies wird nur zu verneinen sein, wenn das Verfahren mit der Zurückweisung oder Rücknahme des Antrages geendet hat. Im Falle der Zurückweisung sind die Kosten in dem Zurückweisungsbeschluß dem Gläubiger aufzuerlegen, im Falle der Rücknahme ist in entsprechender Anwendung des in § 271 zum Ausdruck gelangten Rechtsgrundsatzes, daß die Rücknahme eines ein Verfahren einleitenden Antrages die Kostenpflicht des Antragstellers begründet, auf Antrag des Schuldners ein besonderer Beschluß dahin zu erlassen, daß der Gläubiger die Kosten des Verfahrens zu tragen hat [2]). Auf Grund dieses Beschlusses kann der Schuldner die ihm erwachsenen notwendigen Kosten nach §§ 103 ff. festsetzen und beitreiben lassen [3]).

Im übrigen ist, wenn es in dem Verfahren zu einer abschließenden Entscheidung kommt, sei es über einen Widerspruch des Schuldners, wodurch ein Zwischenstreit beendet wird, über eine Erinnerung oder eine sofortige Beschwerde, auch über die Kosten mit zu entscheiden. Keine abschließende Entscheidung ist die Anordnung der Haft im Falle des § 901,

---

[1]) Förster-Kann § 788 Anm. 2b.
[2]) Stein-Jonas § 900 N. 71; Schwalm 52.
[3]) Stein-Jonas § 900 N. 70.

die nur die Fortführung des Verfahrens bezweckt. Die durch solche besondere Entscheidung entstehenden Kosten sind nach herrschender Lehre nicht ohne weiteres beitreibbar, sondern müssen auf Grund der Entscheidung festgesetzt werden.

Erwirkt eine Partei eine obsiegende Entscheidung erst in der Beschwerdeinstanz auf Grund eines Vorbringens, das sie nach freiem Ermessen des Gerichts in erster Instanz geltend zu machen imstande war und, wie man weiter fordern muß, dort auch geltend zu machen Anlaß hatte, so sind ihr in entsprechender Anwendung von § 97 Abs. 2 die Kosten der Beschwerdeinstanz ganz oder teilweise aufzuerlegen [4]).

Die Festsetzung der Kosten des Verfahrens, für die das Vollstreckungsgericht zuständig ist [5]), wird durch ihre Entbehrlichkeit nicht unzulässig, jedoch sind die dadurch entstehenden besonderen Kosten nicht erstattungsfähig, wenn der Gläubiger nicht aus besonderen Gründen ein Interesse an der Festsetzung der Vollstreckungskosten hat.

Anwendbar ist auch § 102 [6]), wonach Urkundsbeamte, gesetzliche Vertreter, Bevollmächtigte und Gerichtsvollzieher von Amts wegen mit den durch ihr Verschulden verursachten Kosten belastet werden können. Dahin gehört vor allem der Fall, daß seitens eines Anwalts eine offensichtlich unzulässige Beschwerde eingelegt wird.

Hinsichtlich des für die Kostenberechnung maßgebenden Streitwerts herrscht lebhafter Streit darüber, ob der Gläubiger diesen im Falle des § 807 beschränken kann, indem er das Verfahren nur wegen eines Teilbetrages seiner Forderung betreibt, oder ob, weil ja in jedem Falle der Eid hinsichtlich des gesamten Vermögens zu leisten ist, der Gesamtbetrag der Forderung zugrunde gelegt werden muß. Die erste Ansicht

---

[4]) Fraeb Rechtsgang III, 164; Stein-Jonas § 575 N. 28.
[5]) Vgl. Förster-Kann § 788 Anm. 5.
[6]) Förster-Kann Vorbem. 6 vor § 704.

verdient den Vorzug, da der Gläubiger stets die Zwangsvollstreckung auf einen Teilbetrag seiner Forderungen beschränken kann und dann nach § 14 GKG. der Wert dieses Teilbetrages für die Gebührenberechnung maßgebend ist [7]). Der Schuldner kann auch durch Zahlung dieses Teilbetrages die Einstellung dieses Verfahrens erwirken und seine Fortsetzung verhindern sowie die Verhaftung abwenden [8]). Überdies ist, wenn der Antrag auf Abnahme des Eides ausdrücklich nur wegen eines Teilbetrages gestellt wird, nicht ersichtlich, wie hoch sich die Gesamtforderung des Gläubigers überhaupt noch beläuft, da der Gläubiger teilweise durch Erlaß, Zahlung oder auf andere Weise befriedigt worden sein kann.

Zu den gerichtlichen Kosten des Verfahrens gehören als Auslagen auch die vor der Verhaftung oder Fortsetzung der Haft vom Gläubiger vorzuschießenden Haftkosten (§ 72 Ziff. 8 GKG.). Erfolgt die Verhaftung gleichzeitig im Auftrage mehrerer Gläubiger, so haften alle für die Kosten der Haft als Gesamtschuldner; der von jedem anzufordernde Betrag verringert sich jedoch auf einen entsprechenden Bruchteil, soweit die anderen Beteiligten gleichfalls zahlen oder von der Zahlung von Gebühren nach § 90 GKG. dauernd befreit sind [9]), nicht dagegen, soweit ein Mitgläubiger das Armenrecht genießt.

---

[7]) LG. Köln ZZP. 31, 529; KG. Rspr. 15, 20; Stein-Jonas § 900 N. 20 u. N. 72; Neumann JW. 10, 932; Schumann 75; Fraeb ZZP. 54, 166; LG. München II JW. 28, 925; LG. Nürnberg ZZP. 55, 324 u. Friedlaender ebenda; Neter DJZ. 29, 912; Leibfried WürttZ. 30, 77; Friedlaender GKG. § 33 Anm. 32. A. M. OLG. Rostock MecklZ. 28, 439; LG. Elberfeld DZZ. 24, 748; Förster-Kann § 900 Anm. 3; Seuffert § 900 N. 5; Baumbach § 900 Anm. 2; Lubowski 49; Hein 570; Schwalm 29; Rittmann-Wenz GKG. § 33 Anm. 26; Hollender DJZ. 12, 159 will Festsetzung des Streitwerts nach freiem Ermessen gemäß § 3.

[8]) KG. JW. 30, 194; LG. Köln ZZP. 31, 528 u. 529. Vgl. Fraeb, ZZP. 54, 163 ff.; LG. II München JW. 28, 925.

[9]) Lubowski 9; Schumann 109.

Die Höhe der Kosten richtet sich, wenigstens soweit die Gerichts- und Rechtsanwaltsgebühren in Betracht kommen, nach dem Werte des Streitgegenstandes [10]). Hinsichtlich der Gerichtskosten bestimmt § 33 Ziff. 5 GKG., daß für das Offenbarungseidsverfahren die Hälfte der vollen Gebühr des § 8 GKG. erhoben wird. Diese halbe Gebühr ist die Abgeltung des ganzen Verfahrens vor dem Vollstreckungsgericht einschließlich einer etwaigen Verhandlung, Beweisaufnahme und Entscheidung über einen Widerspruch nach § 900 Abs. 3 sowie einschließlich der Entscheidung über einen Antrag auf Anordnung der Haft und der Abnahme des Eides, gleichviel ob diese im Termin oder später, vor dem Prozeßgericht oder einem anderen Gericht, auf Verlangen des Gläubigers oder des Schuldners erfolgt [11]). Auch die Fortsetzung eines zum Stillstand gekommenen Verfahrens auf weiteren Antrag und die Fortsetzung eines Verfahrens, das durch eine ordnungswidrige Eidesabnahme zunächst beendet war, nach Feststellung der Unwirksamkeit dieser Eidesleistung ist durch die erste halbe Gebühr mit abgegolten [12]); dagegen wird durch die Einleitung eines neuen Verfahrens, sei es auch zwischen denselben Parteien und auf Grund desselben Schuldtitels, eine neue Gebühr fällig. Im übrigen wird eine weitere Gebühr, und zwar nach dem vollen Satze des § 8 GKG., nur erhoben für das Verfahren über eine erfolglose Beschwerde, und zwar auch hier für das gesamte Verfahren in der Beschwerdeinstanz einschließlich etwaiger Verhandlungen und Beweisaufnahmen (§ 38 GKG.).

Diese Regelung gilt nicht nur für die Fälle des prozessualen Offenbarungseids nach §§ 807, 883, sondern ohne jede Ab-

[10]) Vgl. N. 7.

[11]) Friedlaender GKG. § 33 Anm. 29; Rittmann-Wenz GKG. § 33 Anm. 22—25.

[12]) Vgl. § 903 Anm. 6.

weichung auch für die Fälle des Offenbarungseids auf Grund der Vorschriften des bürgerlichen Rechts, wenn er nach § 889 vor dem Prozeßgericht zu leisten ist [13]). Dagegen sind die Kosten der Abnahme dieser Offenbarungseide im Wege der freiwilligen Gerichtsbarkeit reichsgesetzlich nicht geregelt.

Die Gebühr des § 33 Ziff. 5 GKG. wird mit der Einreichung des Antrages bei Gericht fällig. Sie fällt jedoch, wie § 33 Abs. 2 GKG. jetzt ausdrücklich bestimmt, rückwirkend wieder fort, wenn der Antrag vor einer gerichtlichen Verfügung zurückgenommen wird. Der Wegfall der Gebühr wird durch jede gerichtliche Verfügung ausgeschlossen [14]), also nicht nur durch die Terminsbestimmung oder Zurückweisung des Antrages, sondern auch durch ein Rechtshilfeersuchen oder eine Zwischenverfügung wie die Anordnung, daß der Gläubiger von einer gerichtsbekannten früheren Eidesleistung des Schuldners in Kenntnis zu setzen sei, sofern diese Anordnung vom Richter, nicht von der Geschäftsstelle getroffen wird. Sie darf aber nicht ergehen, wenn der Antrag ausdrücklich unter der Bedingung gestellt ist, daß eine frühere Eidesleistung des Schuldners nicht gerichtsbekannt sei.

Für das Verfahren zur Abnahme des Offenbarungseids nach § 125 KO. werden nach § 46 GKG. „besondere Gebühren nicht erhoben". Aus dieser Fassung des Gesetzes ergibt sich, daß das Verfahren nicht im Sinne von § 71 Abs. 1 GKG. gebührenfrei sein, sondern durch die Gebühren für die Durchführung des Konkursverfahrens mit abgegolten werden soll [15]).

---

[13]) Friedlaender GKG. § 33 Anm. 30; Jonas GKG. § 33 Anm. 16; Baumbach GKG. § 33 Anm. 5. A. M. Rittmann-Wenz GKG. § 33 Anm. 21, die hier für Anwendung von Zwangsmitteln nach § 888 ZPO. noch $^1/_2$ Gebühr nach § 33 Ziff. 4 GKG. erhoben sehen wollen.

[14]) Friedlaender GKG. § 33 Anm. 34.

[15]) Rittmann-Wenz GKG. § 46 Anm. 1; Friedlaender GKG. § 46 Anm. 1.

Die Abgeltung umfaßt auch hier wie in § 33 Ziff. 5 GKG. das ganze Verfahren vor dem Vollstreckungsgericht [16]), so daß hier nur für das Verfahren über eine erfolglose Beschwerde eine volle Gebühr erhoben wird.

Die Abnahme des Offenbarungseids nach § 61 Abs. 3 VerglO., für die in diesem Gesetz überhaupt kein besonderes Verfahren vorgesehen ist, erfolgt nach § 48 a Abs. 3 GKG. gleichfalls ohne Erhebung einer Gebühr.

Die Kosten der Abnahme des Offenbarungseides nach den Vorschriften der RAbgO. gehören zu den Kosten der Zwangsvollstreckung in Steuersachen. Sie regeln sich nach § 315 RAbgO. Das Verfahren zur Abnahme solcher Offenbarungseide durch das Gericht stellt sich in seiner Gesamtheit als ein Akt der Rechtshilfe im Verwaltungszwangsverfahren dar, für die keine Gebühr vorgesehen ist [17]).

Die Anwaltsgebühren im Offenbarungseidsverfahren sind je nach dem Gange des Verfahrens verschieden. Das Verfahren bildet nach § 32 RAGebO. stets eine besondere Instanz der Zwangsvollstreckung, und der Anwalt, der eine Partei in diesem Verfahren vertritt, erhält zunächst für den Betrieb im allgemeinen eine Prozeßgebühr (§ 13 Ziff. 1 RAGebO.), die $^3/_{10}$ der vollen Gebühr des § 9 RAGebO. beträgt (§ 23 Ziff. 18 RAGebO.). Diese Gebühr, die der Anwalt des Gläubigers mit der Einreichung des Antrages bei Gericht verdient hat, gilt alle schriftlich an das Vollstreckungsgericht zu richtenden Anträge sowie den Auftrag zur Verhaftung des Schuldners ab. Für die Wahrnehmung des zur Eidesleistung bestimmten Termines (§ 900) erhält jeder Anwalt weiterhin eine Verhandlungsgebühr. Sie beträgt gleichfalls $^3/_{10}$ der vollen Gebühr, wenn im Termin infolge der Erhebung eines Wider-

---

[16]) A. M. Schwalm 52, der hier für das Verfahren über einen Widerspruch $^1/_4$ Gebühr nach § 34 Ziff. 2 GKG. in Ansatz bringt.

[17]) Vgl. hierzu Schwalm 52.

spruchs gegen die Eidespflicht streitig verhandelt wird; das ist auch dann der Fall, wenn der erschienene oder vertretene Gläubiger alsbald nach Erhebung des Widerspruches seinen Antrag zurücknimmt [18]). Kommt es zu einer Beweiserhebung über den Widerspruch, so erhält der Anwalt für die Wahrnehmung des Beweistermins weiter $^{3}/_{20}$ Gebühren als Beweisgebühr und für die Wahrnehmung eines auf die Beweisaufnahme folgenden Termins, in dem über die Eidespflicht weiter verhandelt wird, noch eine Nachverhandlungsgebühr, die bei streitiger Verhandlung wiederum $^{3}/_{20}$, bei nichtstreitiger Verhandlung $^{3}/_{40}$ der vollen Gebühr beträgt [19]). Wird aber ein Widerspruch gegen die Eidespflicht in Abwesenheit des Gläubigers oder gar nicht erhoben, so beträgt die Verhandlungsgebühr für die Wahrnehmung des Eidestermins nur $^{3}/_{20}$ der vollen Gebühr. Sie ist auch dann verdient, wenn der Schuldner im Schwurtermin den Eid ohne weiteres leistet [20]). Die Gebühren des Anwalts erwachsen in jedem neuen Verfahren von neuem; nur die Anträge zur Erzwingung des Offenbarungseids nach § 889 bilden nach § 34 RAGebO. stets in ihrer Gesamtheit eine Instanz. Für die Vertretung einer Partei in der Beschwerdeinstanz erhält der Anwalt weiter $^{3}/_{10}$ Gebühren. Auch diese Beschwerdegebühr kann unter Umständen mehrmals — als Prozeß-, Verhandlungs-, Beweis- und Nachverhandlungsgebühr — erwachsen.

Die in § 12 GVGebO. geregelten Gebühren des Gerichtsvollziehers für die Verhaftung sind feste Sätze, deren Höhe vom Werte des Streitgegenstands unabhängig ist. Der Gerichtsvollzieher erhält für die Verhaftung einer Person, auch wenn

---

[18]) A. M. Willenbücher RAGebO. § 32 Anm. b.

[19]) LG. Nürnberg LeipzZ. 29, 684.

[20]) Friedlaender-Joachim RAGebO. § 32; Domke RAGebO. § 32. A. M. Willenbücher RAGebO. § 32 Anm. a; EGH. 5, 124. Vgl. Schumann 149 ff.

sie an Amtsstelle erfolgt, einschließlich der Ablieferung zur Haft 10 RM.; daneben sind ihm noch etwaige Auslagen für notwendige Benutzung von Transportmitteln, Zuziehung eines Schlossers zur Öffnung der Wohnung des Schuldners usw. zu erstatten. Die Verhaftungsgebühr erwächst nur einmal, wenn ein Schuldner zugleich im Auftrage mehrerer Gläubiger zu verhaften ist [21]), und wird dann von jedem anteilig erhoben. Für die Nachverhaftung eines schon in Zwangs-, Untersuchungs- oder Strafhaft befindlichen Schuldners erhält der Gerichtsvollzieher 2 RM. Wird der Auftrag zur Verhaftung vor seiner Ausführung zurückgenommen, so ermäßigt sich die Gebühr, wenn sich der Gerichtsvollzieher bereits an den Ort der Verhaftung begeben hatte, auf 2 RM., sonst auf 1 RM. Für den erfolglosen Versuch einer Verhaftung erhält der Gerichtsvollzieher 3 RM., wenn die Verhaftung nach §§ 904, 906 unstatthaft war, dagegen nur 2 RM., wenn die Verhaftung unterbleiben mußte, weil der Schuldner an den Gerichtsvollzieher leistete, eine Einstellung nach § 775 erwirkte oder nicht zu ermitteln war, und gar nichts, wenn die Verhaftung nur deshalb nicht ausführbar war, weil der Schuldner in seiner Wohnung nicht angetroffen wurde.

Die Kosten der Haft sind reichsgesetzlich nicht geregelt. Ihre Höhe bemißt sich nach den landesgesetzlichen Bestimmungen über die Strafvollstreckung.

Die Gebühren des Gerichtsvollziehers und die Kosten der Haft sind als gerichtliche Auslagen auch in den Fällen zu zahlen, in denen für die Tätigkeit des Gerichts keine Gebühr erhoben wird.

7. Abschnitt.

Sicherheitsleistung.

Zu einer Sicherheitsleistung wird es im Offenbarungseidsverfahren kaum je kommen können, denn die Bestimmungen

---

[21]) Rittmann-Wenz GVGebO. § 13 Anm. 2.

der §§ 110—113 beziehen sich vorwiegend auf das Erkenntnisverfahren. Möglich wäre es allerdings, daß auch im Offenbarungseidsverfahren eine Sicherheit geleistet werden muß, etwa auf Grund einer einstweiligen Anordnung des Beschwerdegerichts nach § 572 Abs. 3. Auf diese Sicherheit wären die Bestimmungen der §§ 108 ff. entsprechend anwendbar.

8. Abschnitt.

Armenrecht.

Die Bestimmungen der ZPO. über das Armenrecht gelten auch für die Zwangsvollstreckung einschließlich des Offenbarungseidsverfahrens [1]). Die Bewilligung des Armenrechts für die erste Instanz erstreckt sich nach § 119 Abs. 1 auch auf die Zwangsvollstreckung. War dem Gläubiger für die erste Instanz das Armenrecht nicht bewilligt, so kann, wenn die Voraussetzungen dafür vorliegen, die Bewilligung auch für die Zwangsvollstreckung allein erfolgen, und zwar durch das Prozeßgericht erster Instanz, falls der Zwangsvollstreckung ein Prozeß vorausging, sonst durch das Vollstreckungsgericht.

Das Armenrecht kann nach herrschender Ansicht weder juristischen Personen noch den sogenannten Parteien kraft Amtes (Konkursverwalter, Testamentsvollstrecker, Nachlaßverwalter usw.) bewilligt werden. Hinsichtlich der Parteien kraft Amtes entbehrt die Versagung des Armenrechts allerdings der inneren Begründung, und diese Einsicht bricht sich neuerdings mehr und mehr Bahn [2]).

Die Bewilligung des Armenrechts hat nach § 115 die einstweilige Befreiung von der Berichtigung der Gerichtskosten einschließlich der Gebühren der Beamten, besonders des Ge-

---

[1]) Förster-Kann Vorbem. 6 vor § 704.

[2]) So neuerdings auch Stein-Jonas § 114 I 1 u. RG. JW. 30, 1487 hinsichtlich des Testamentsvollstreckers.

richtsvollziehers, und der Auslagen zur Folge, wozu vor allem auch der Haftkostenvorschuß des § 911 gehört.

Ein Anspruch auf Beiordnung eines Anwalts oder eines Vertreters im Offenbarungseidsverfahren besteht nicht [3]), doch ist eine solche Beiordnung nicht als unzulässig anzusehen.

Das Armenrecht erlischt nach § 122 mit dem Tode der Person, der es bewilligt ist. Das kann von Bedeutung sein, wenn der Schuldner sich zu dieser Zeit in Haft befindet, weil dann die Zahlung eines Haftkostenvorschusses als Voraussetzung für die Fortsetzung der Haft erforderlich würde.

9. Abschnitt.

Zustellungen.

Die §§ 166—213 über die Bewirkung von Zustellungen sind im Offenbarungseidsverfahren unmittelbar anwendbar. Von besonderer Bedeutung sind hier die Bestimmungen der §§ 176 und 178 Abs. 2, wonach Zustellungen in einem anhängigen Rechtsstreit an den für die Instanz bestellten Prozeßbevollmächtigten erfolgen müssen und die gesamte Zwangsvollstreckung als Teil des Rechtsstreits angesehen wird, der ihr vorausgegangen ist. Das Verfahren vor dem Vollstreckungsgericht gehört danach zur ersten Instanz, und wenn die Parteien einen erstinstanzlichen Prozeßbevollmächtigten hatten, so müssen alle Zustellungen an diesen erfolgen, um wirksam zu sein. Zustellungen an die Parteien selbst entbehren in diesen Fällen jeder Wirkung und sind insbesondere nicht geeignet, eine Beschwerdefrist in Lauf zu setzen. Dieses Ergebnis ist, wie nahezu allgemein anerkannt wird, äußerst unbefriedigend, weil die Prozeßbevollmächtigten in vielen Fällen nicht am Sitze des nach § 899 zuständigen Vollstreckungsgerichts wohnen.

[3]) A. M. KG. Rspr. 33, 46 für den Fall, daß der vorausgegangene Prozeß ein Anwaltsprozeß war.

Nach dem Wortlaut des Gesetzes läßt sich aber an dieser Notwendigkeit nichts ändern.

Zustellungen an den Schuldner können auch öffentlich erfolgen, wenn sein Aufenthalt unbekannt ist, ohne daß er seinen Wohnsitz aufgegeben hätte (§ 203) [1]). Das gleiche gilt, wenn nur der Aufenthalt des schwurpflichtigen gesetzlichen Vertreters unbekannt ist. Hat ein Schuldner weder Wohnsitz noch Aufenthalt im Deutschen Reiche, so ist eine öffentliche Zustellung deshalb nicht möglich, weil es dann an einem nach § 899 zuständigen Gericht fehlt.

Die Zustellungen im Offenbarungseidsverfahren erfolgen, da dieses dem Amtsgericht übertragen ist, von Amts wegen mit Ausnahme der Zustellung verkündeter Beschlüsse, die auch hier auf Betreiben der Parteien zu bewirken ist (§§ 496 Satz 1, 317 Abs. 1, 329 Abs. 2) [2]). Wird eine Zustellung, die von Amts wegen zu bewirken wäre, auf Betreiben der Parteien vorgenommen oder umgekehrt, so entbehrt sie der gesetzlichen Wirkungen.

10. Abschnitt.

Ladungen, Termine und Fristen.

Die Ladungen zu den vor dem Vollstreckungsgericht stattfindenden Terminen erfolgen nach § 497 von Amts wegen. Es muß dabei die in § 217 bestimmte Ladungsfrist von 3 Tagen gewahrt werden, die nach den §§ 221 und 222 zu berechnen ist und nach § 226 auf Antrag des Gläubigers, aber nicht von Amts wegen, abgekürzt werden kann [1]). Eine Ladung ist entbehrlich, wenn der Termin in einer verkündeten Entscheidung bekanntgemacht ist und die Parteien zu dem Termin, in dem

---

[1]) Stein-Jonas § 900 N. 37. A. M. LG. I Berlin Goldmann 355.
[2]) A. M. Lubowski 44.
[1]) Schönfeld 16.

die Verkündung erfolgte, ordnungsmäßig geladen waren (§ 218). Ob die Parteien bei der Verkündung der Terminsbestimmung zugegen waren, ist nach § 212 für deren Wirksamkeit unerheblich. Ist also in Abwesenheit des wirksam geladenen Schuldners eine Vertagung erfolgt, so bedarf es hiernach keiner erneuten Ladung des Schuldners zu dem neuen Termine [2]).

Die Termine finden nach § 219 in der Regel an Gerichtsstelle statt. Nur wenn einer der Beteiligten am Erscheinen vor Gericht verhindert ist, wenn insbesondere im Offenbarungseidsverfahren der zur Eidesleistung bereite Schwurpflichtige krankheitshalber nicht auf das Gericht kommen kann, können die Termine auch anderwärts, z. B. in der Wohnung des Schwurpflichtigen, abgehalten werden. Eine Anordnung dieser Maßnahme wird sich aber nur empfehlen, wenn feststeht, daß der Schwurpflichtige den Eid wirklich leisten will, und deshalb in der Regel von einem Antrage des Schwurpflichtigen abhängig zu machen sein.

Die Termine beginnen nach § 220 mit dem Aufruf der Sache und gelten als versäumt, wenn die zum Erscheinen verpflichteten Parteien sich bis zum Schlusse des Termins nicht vor dem Richter melden. Eine Verlegung oder Vertagung des Eidestermines ist auf Antrag oder auch von Amts wegen aus erheblichen Gründen nach § 227 zulässig. Beim Ausbleiben des Schuldners im Eidestermin kann jedoch eine Vertagung von Amts wegen, wenn der Schuldner ordnungsmäßig geladen ist, nur unter den Voraussetzungen des § 337 erfolgen, weil sonst der Gläubiger um sein Recht aus § 901 gebracht würde [3]). Als ein erheblicher Grund ist im Offen-

---

[2]) Petersen § 900 Anm. 4 a. A. M. LG. Dresden ZZP. 21, 501; Stein-Jonas § 900 N. 67. Vgl. auch OLG. München BayZ. 28, 81.

[3]) Stein-Jonas § 337 I.

barungseidsverfahren stets ein Antrag des Gläubigers auf Vertagung anzusehen, weil das Offenbarungseidsverfahren einen Teil der Zwangsvollstreckung bildet und eine solche nicht gegen den Willen des betreibenden Gläubigers geschehen darf. Bewilligt aber der Gläubiger eine Vertagung und bringt er das durch einen dahingehenden Antrag an das Gericht zum Ausdruck, so liegt darin eine Stundung, die eine entsprechende Beschränkung der Zwangsvollstreckung nach sich ziehen muß. Es ist daher nicht zulässig, einen Vertagungsantrag des Gläubigers abzulehnen [4]).

Auf die Berechnung aller Fristen im Offenbarungseidsverfahren sind die §§ 221, 222 anwendbar, nicht aber § 223, weil das Verfahren Feriensache ist [5]).

11. Abschnitt.

Folgen der Versäumung. Wiedereinsetzung in den vorigen Stand.

Die Bestimmungen der §§ 230—238 über die Folgen der Versäumung und die Wiedereinsetzung in den vorigen Stand gelten auch im Offenbarungseidsverfahren, besonders hinsichtlich der Notfristen für die Einlegung sofortiger Beschwerden. Bei ihrer Anwendung können sich hier keine Besonderheiten ergeben.

---

[4]) LG. Hamburg HansGZ. 28 B 670. Im Ergebnis ähnlich Fraeb Rechtsgang III, 228. A. M. Neumann DJZ. 08, 1026; Hein 574; Crasemann Recht 13, 273; Voß HansGZ. 13, 269 u. 14, 53; Schumann 81; Schwalm 48; Stein-Jonas § 900 N. 42a u. 43 (vgl. auch Vorbem. vor § 704 N. 102). Jourdan LeipzZ. 29, 1331 will Vertagungsanträge ablehnen und das Verfahren wegen Stundung einstellen. Das geht aber meist über den Stundungswillen des Gläubigers hinaus.

[5]) Förster-Kann, Vorbem. 6 vor § 704.

12. Abschnitt.

Mündliche Verhandlung.

Im deutschen Zivilprozeß gilt die sogenannte Verhandlungsmaxime und der Grundsatz der Mündlichkeit, d. h. es dürfen, von Ausnahmefällen abgesehen, bei einer Entscheidung nur solche Tatsachen berücksichtigt werden, die von den Parteien dem Gericht vorgetragen worden sind, und dieser Vortrag hat mündlich in einem dazu bestimmten Termine zu erfolgen. Dieser Grundsatz hat sich allerdings nicht streng durchführen lassen, weil nicht in allen Fällen das Erscheinen beider Parteien vor Gericht zu erzwingen ist. Als mündliche Verhandlung wird demgemäß auch die Abhaltung eines Verhandlungstermins angesehen, zu welchem, wie im Versäumnisverfahren oder in Ehesachen, nur eine Partei erscheint, wenn hierbei Anträge gestellt werden oder Entscheidungen ergehen, und auch in dem Falle, daß beide Parteien ausbleiben, findet eine mündliche Verhandlung statt, wenn das Gericht unter Berücksichtigung schriftlicher Anträge der Parteien entscheidet [1]).

Die mündliche Verhandlung ist im allgemeinen in allen den Fällen und nur in den Fällen zwingend vorgeschrieben, wo über Anträge einer Partei durch Urteil zu entscheiden ist, wo also das Gericht als erkennendes Gericht tätig wird. Demgemäß spricht auch die ZPO. in § 128 nur von der mündlichen Verhandlung vor dem erkennenden Gericht, die §§ 128 ff. sind jedoch in allen Fällen anwendbar, wo überhaupt eine mündliche Verhandlung stattfindet. In den Verfahrensarten, die nicht zur Entscheidung durch Urteil führen, ist die Anordnung der

[1]) A. M. Stein-Jonas § 128 III 2 u. § 251 a III 2; Schwalm 48. Für die hier angenommene Erweiterung des Begriffs der mündlichen Verhandlung spricht aber, daß auch die beim Ausbleiben beider Parteien ergehenden Entscheidungen zu verkünden sind, wie aus § 251 a hervorgeht und fast allgemein anerkannt ist. Vgl. Fraeb ZZP. 55, 323.

mündlichen Verhandlung, soweit eine solche nicht ausdrücklich ausgeschlossen ist, in der Regel in das Ermessen des Gerichts gestellt. Eine Ausnahme bildet hier gerade das Offenbarungseidsverfahren, in dem durch § 900 stets die Anberaumung eines Termins zwingend vorgeschrieben ist, der nicht nur zur Abnahme des Eides, sondern zugleich auch zu einer etwaigen mündlichen Verhandlung über die Eidespflicht bestimmt ist. Die mündliche Verhandlung ist also hier nicht nur fakultativ, sondern obligatorisch [2]). Daß der Gläubiger zum Erscheinen nicht verpflichtet ist, ändert daran nichts, da die ZPO., wie schon erwähnt, auch einseitige mündliche Verhandlungen kennt.

Die Leitung der mündlichen Verhandlung steht dem Vorsitzenden zu, der für eine erschöpfende Erörterung zu sorgen (§ 136) und nötigenfalls durch Fragen die Klarstellung ungenügender Angaben zu bewirken hat und Tat- und Rechtsfragen mit den Parteien erörtern soll. Da im Offenbarungseidsverfahren der Gläubiger am Termine nicht teilzunehmen braucht und deshalb seine schriftlichen Erklärungen wie mündlich vorgetragene berücksichtigt werden müssen, wird, falls Fragen an den Gläubiger sich notwendig machen, eine schriftliche Anhörung des Gläubigers notwendig sein, in der Regel aber auch genügen.

Im Offenbarungseidsverfahren nicht anwendbar ist § 141 über die Anordnung des persönlichen Erscheinens, weil die Pflicht hierzu dort anderweit geregelt ist. Anwendbar sind dagegen die §§ 142—44 über Beweiserhebungen von Amts wegen, soweit es im Offenbarungseidsverfahren zu einer Beweisaufnahme kommen kann, was an sich durchaus möglich ist [3]).

[2]) Fraeb Rechtsgang II, 464; Schmidt 1004; vgl. auch Stein-Jonas § 900 I u. Schwalm 25. A. M. Hein 577; Förster-Kann § 900 Anm. 6 b.

[3]) Vgl. 13. Abschn.

Anwendbar sind entsprechend die Bestimmungen über Verbindung und Trennung gleichgerichteter Verfahren [4]); dagegen ist eine Aussetzung des Verfahrens im Hinblick darauf, daß das Offenbarungseidsverfahren einen Teil der Zwangsvollstreckung bildet, nicht als zulässig anzusehen [5]). Auch die Bestimmungen über Unterbrechung und Ruhen des Verfahrens beziehen sich nur auf das Erkenntnisverfahren, nicht auf die Zwangsvollstreckung, für die durch die Einstellung eine abweichende Regelung getroffen ist; sie sind deshalb auch im Offenbarungseidsverfahren nicht anwendbar [6]).

Nach §§ 157, 158 können Bevollmächtigte und Beistände unter Umständen auch im Offenbarungseidsverfahren genau wie im Erkenntnisverfahren zurückgewiesen werden [7]). Für die mündliche Verhandlung gelten auch die Vorschriften des 14. Titels des GVG. über die Sitzungspolizei. Dagegen sind die mündlichen Verhandlungen im Offenbarungseidsverfahren nicht öffentlich, weil hier das Gericht nicht als erkennendes Gericht, sondern als Vollstreckungsgericht tätig wird [8]).

Über die Protokollführung in der mündlichen Verhandlung und die Zuziehung eines Urkundsbeamten sind in den §§ 159 bis 165, ergänzt durch § 510 a, Bestimmungen getroffen, die auch im Offenbarungseidsverfahren gelten. Hierher gehört auch die Bestimmung des § 329 über die Verkündung der auf Grund mündlicher Verhandlung ergehenden Entscheidungen, die nach § 310 sofort oder in einem alsbald anzuberaumenden Termine

---

[4]) A. M. Förster-Kann Vorbem. 6 vor § 704.

[5]) OLG. Dresden SeuffArch. 56, 40 u. Rspr. 6, 144; Stein-Jonas Vorbem. vor § 704 N. 100; Schwalm 20. A. M. OLG. Hamburg Rspr. 17, 133; Seuffert § 901 Anm. 3 c.

[6]) Stein-Jonas Vorbem. vor § 704 N. 83; Förster-Kann Vorbem. 6 vor § 704. Siehe auch § 901 Anm. 6. Vgl. aber Fraeb ZZP. 54, 276.

[7]) Förster-Kann Vorbem. 6 vor § 704.

[8]) Vgl. § 899 Anm. 1.

zu erfolgen hat. Auf Grund mündlicher Verhandlung ergehen solche Entscheidungen, über die in dem Verhandlungstermin seitens des Gerichts Erörterungen mit erschienenen Parteien oder bei deren Ausbleiben auf Grund der Akten gepflogen worden sind. Die Entscheidungen dürfen nach § 309 nur durch den Richter gefällt werden, der an der Verhandlung teilgenommen hat. Sie sind schriftlich abzufassen; eine schriftliche Begründung ist nicht unbedingt notwendig, aber empfehlenswert namentlich in den Fällen, wo gegen die Entscheidung ein Rechtsmittel zulässig ist.

13. Abschnitt.

Beweisaufnahme.

Auch im Offenbarungseidsverfahren kann eine Beweisaufnahme notwendig werden, wenn Tatsachen streitig werden, die auf das Verfahren von Einfluß sind und nicht als Voraussetzungen der Zwangsvollstreckung vom Gläubiger urkundsmäßig bei Beginn des Verfahrens zu beweisen sind [1]). Hierher gehören z. B. die Partei- und Prozeßfähigkeit der Parteien, die Leistung eines früheren Eides durch den Schuldner im Falle des § 903, Verzicht des Gläubigers auf Abnahme des Offenbarungseides und ähnliche Fälle. Unter diesen Umständen hat die Partei, die sich auf solche Tatsachen beruft, ihr Vorliegen zu beweisen und kann sich dabei aller von der ZPO. zugelassenen Beweismittel bedienen. Für die Beweisaufnahme gelten auch in diesem Falle die Bestimmungen, die die ZPO. an sich nur für das Verfahren vor dem erkennenden Gericht in den §§ 355 bis 477 getroffen hat, entsprechend [2]) mit der Abweichung, daß die Anordnung eines Parteieides, weil es im Offenbarungseidsverfahren nicht zu einem Urteil kommen kann, hier stets durch

---

[1]) Vgl. § 900 Anm. 27.
[2]) Förster-Kann Vorbem. 6 vor § 704.

Beweisbeschluß zu erfolgen hat [3]). Über den Beweisantrag, die Beweiswürdigung und die Entbehrlichkeit eines Beweisantritts gelten auch im Offenbarungseidsverfahren die §§ 282 bis 294 [4]).

Anwendbar sind insbesondere die §§ 478—484 über das Verfahren bei der Abnahme von Eiden, die grundsätzlich für alle Fälle einer Eidesleistung im Zivilprozeß, also auch für die Leistung des Offenbarungseides, gelten. Danach ist der Offenbarungseid stets von dem Schwurpflichtigen in Person zu leisten, eine Vertretung durch gewillkürte Vertreter ist also nicht zulässig. Schwurpflichtig ist aber bei nicht prozeßfähigen Parteien der gesetzliche Vertreter nach § 473 [5]). Abs. 2 dieses Paragraphen, wonach ein beschränkt Geschäftsfähiger selbst zur Eidesleistung zugelassen werden kann, gilt nicht für den Offenbarungseid, da dessen Inhalt über den Rahmen des nach § 473 Abs. 2 Zulässigen hinausgeht. Nach § 479 kann das für die Abnahme des Eides zuständige Gericht ein anderes Gericht im Wege der Rechtshilfe um die Abnahme des Eides ersuchen [6]). Das wird im Offenbarungseidsverfahren dann erforderlich werden, wenn der Wohnsitz des Schwurpflichtigen ein anderer ist als der Sitz des Vollstreckungsgerichts. Nach § 480 hat der Richter den Schwurpflichtigen vor der Leistung des Eides in angemessener Weise auf die Bedeutung des Eides hinzuweisen [7]). Eine Nichtbeachtung dieser Vorschrift bleibt allerdings auf die Wirksamkeit der Eidesleistung ohne Einfluß. Die Form der Eidesleistung ist in den §§ 481—484 bestimmt. Die Einhaltung

---

[3]) Stein-Jonas § 128 V B 4.

[4]) Förster-Kann Vorbem. 6 vor § 704.

[5]) Vgl. 1. Abschn. N. 7.

[6]) Vgl. § 899 Anm. 6.

[7]) Daneben ist in mehreren Ländern durch Anordnung der Justizverwaltung ein Hinweis darauf vorgeschrieben oder empfohlen, daß nach Art. 136 Abs. 4, 177 RVerf. die religiösen Bestandteile der Eidesformel weggelassen werden dürfen.

dieser Form ist für die Wirksamkeit der Eidesleistung wesentlich, doch ist es unschädlich, wenn sich der Schwurpflichtige beim Nachsprechen der Eidesformel unerheblich verspricht.

14. Abschnitt.

Rechtsmittel.

Vom dritten Buche der Zivilprozeßordnung über die Rechtsmittel kommt für das Offenbarungseidsverfahren nur der dritte Abschnitt über die Beschwerde in Betracht, da Berufung und Revision nur gegen Endurteile zugelassen sind und Urteile im Offenbarungseidsverfahren nicht ergehen können. Die Beschwerde ist im Offenbarungseidsverfahren, da dieses einen Teil der Zwangsvollstreckung bildet und eine einfache Beschwerde nirgends besonders zugelassen ist, stets die sofortige, die nach § 793 gegen alle Entscheidungen stattfindet, die ohne vorgängige mündliche Verhandlung ergehen können. Die sofortige Beschwerde ist weiter nach § 900 Abs. 3 zulässig gegen die Entscheidung über einen Widerspruch des Schuldners gegen seine Eidespflicht, die an sich nur auf Grund mündlicher Verhandlung erfolgen darf [1]). Die sofortige Beschwerde ist nach § 577 an eine Notfrist von zwei Wochen gebunden, die stets mit der Zustellung einer im Offenbarungseidsverfahren ergangenen Entscheidung beginnt, auch wenn die Entscheidung im Beisein beider Parteien verkündet worden ist [2]). Die Einlegung der sofortigen Beschwerde kann nach §§ 569, 577 bei dem Gericht, dessen Entscheidung angefochten wird, oder bei dem Beschwerdegericht erfolgen. Sie kann nach § 569 Abs. 2 durch Einreichung einer Beschwerdeschrift oder zu Protokoll der

---

[1]) Vgl. § 900 Anm. 21, 22.

[2]) A. M. Stein-Jonas § 577 II, der die Beschwerdefrist auch ohne Zustellung 5 Monate nach der Verkündung beginnen lassen will.

Geschäftsstelle [3]) des Gerichts geschehen, bei dem die Beschwerde eingelegt wird, da das Verfahren vor den Amtsgerichten beginnt.

Über die Beschwerde entscheidet nach § 568 das im Instanzenzuge zunächst höhere Gericht, also im Offenbarungseidsverfahren das Landgericht, und zwar die Zivilkammer, auch wenn der vorausgegangene Rechtsstreit eine Handelssache betraf. Die Entscheidung kann nach § 573 ohne vorgängige mündliche Verhandlung erfolgen und ist dann beiden Parteien von Amts wegen zuzustellen; es bleibt dem Beschwerdegericht jedoch unbenommen, eine mündliche Verhandlung über die Beschwerde anzuordnen. Zu dem hierzu anberaumten Termin, in dem sich die beiden Parteien durch Anwälte vertreten lassen müssen (§ 78), hat alsdann der Beschwerdeführer den Gegner zu laden [4]). Die auf Grund der mündlichen Verhandlung ergehende Entscheidung ist zu verkünden. Das Gericht kann auch an Stelle der Anordnung einer mündlichen Verhandlung die Abgabe schriftlicher Erklärungen der Parteien anordnen. Diese Erklärungen sind dann nach § 573 Abs. 2 Satz 2 vom Anwaltszwang befreit. Die Anhörung des Gegners vor der Entscheidung über die Beschwerde ist zwar in keinem Falle zwingend vorgeschrieben, aber nobile officium des Gerichts, wenn der Schuldner eine länger zurückliegende frühere Eidesleistung nach § 903 mit der Beschwerde geltend macht, weil der Gläubiger diesen Einwand durch die Glaubhaftmachung neuen Vermögenserwerbs entkräften kann. Die Beschwerde hat nach § 572 in der Regel, insbesondere soweit das Offenbarungseidsverfahren in Betracht kommt, keine aufschiebende Wirkung [5]); nach ihrer Einlegung kann jedoch der Vorsitzende

[3]) Erklärung zu gerichtlichem Protokoll ersetzt diese Form.

[4]) A. M. Stein-Jonas § 128 V B 1 N. 45, der Ladung von Amts wegen fordert.

[5]) Wegen der besonderen Regelung im Widerspruchsverfahren nach § 900 Abs. 3 vgl. dort Anm. 31 u. 32. Ein Fall aufschiebender

des Gerichts, dessen Entscheidung angefochten wird, die Vollziehung dieser Entscheidung aussetzen und das Beschwerdegericht dieselbe oder andere einstweilige Anordnungen erlassen, und zwar nach freiem Ermessen auf Antrag oder von Amts wegen [6]). Dagegen ist das Gericht, dessen Entscheidung der sofortigen Beschwerde unterliegt, weder vor noch nach Einlegung der Beschwerde zu einer Änderung seiner Entscheidung befugt [7]). Die Beschwerde darf nach § 570 auf neue Tatsachen und Beweise gestützt werden. Neue Tatsachen sind nicht nur solche, die nach Erlassung der angefochtenen Entscheidung entstanden sind, sondern alle, die in den früheren Verfahren noch nicht vorgebracht worden sind [8]). Infolge der Zulässigkeit neuen Vorbringens hat das Beschwerdegericht, wenn nicht die Beschwerde als unzulässig zu verwerfen ist (§ 574), bei seiner Entscheidung zu prüfen, ob auf Grund des im Zeitpunkt seiner Entscheidung Vorgebrachten die Erlassung der angefochtenen Entscheidung noch gerechtfertigt wäre. Ist das der Fall, dann ist die Beschwerde zurückzuweisen; andernfalls hat das Beschwerdegericht die angefochtene Entscheidung aufzuheben und entweder selbst die nach Lage der Sache gebotene Entscheidung zu treffen oder die Sache an das Untergericht zurückzuverweisen. Eine solche Zurückverweisung ist zwar nach § 575 in allen Fällen ohne weiteres zulässig, für sie wird aber im Falle des Offenbarungseidsverfahrens selten ein Bedürfnis bestehen, weil im

---

Wirkung der Beschwerde liegt aber auch hier nicht vor, wie namentlich Förster-Kann § 572 Anm. 3 u. § 900 Anm. 5 meint, denn der Aufschub der Eidesabnahme ist nicht davon abhängig, ob Beschwerde eingelegt wird, kann also nicht als Wirkung der Beschwerde bezeichnet werden.

[6]) Hiergegen ist keine Beschwerde statthaft, Stein-Jonas § 572 N. 2.

[7]) Eine Ausnahme bildet der Fall des § 776, vgl. 15. Abschn. N. 17.

[8]) Stein-Jonas § 570 I.

Falle einer begründeten Beschwerde die an sich zu treffende Entscheidung in der Regel alsbald feststeht.

Verliert infolge einer Veränderung der Prozeßlage die anzufechtende Entscheidung ihre Bedeutung, so wird eine schon eingelegte Beschwerde unbegründet, eine noch nicht eingelegte unzulässig. Das trifft z. B. im Offenbarungseidsverfahren zu für die Verwerfung des Widerspruchs nach § 900 Abs. 3, wenn der Schuldner inzwischen den Eid nach § 807 in anderer Sache leistet oder ein weiterer Widerspruch Erfolg hat [9]); nicht aber für den Haftbefehl, der die Eidespflicht endgültig feststellt, weil seine Wirkungen nach § 915 über die Eidesleistung hinaus fortdauern [10]). Das gleiche muß von der Verwerfung eines ferneren Widerspruchs nach § 900 Abs. 3 gelten, wenn die Leistung des Eides vor Rechtskraft des Beschlusses angeordnet wird und der Schuldner daraufhin den Eid leistet.

Gegen die Entscheidung des Beschwerdegerichts, mit Ausnahme der Entscheidungen in betreff der Prozeßkosten, ist nach § 568 Abs. 2 eine weitere sofortige Beschwerde zulässig, jedoch nur, wenn darin ein neuer selbständiger Beschwerdegrund enthalten ist. Das ist, wenn die Entscheidung des Beschwerdegerichts mit der der ersten Instanz übereinstimmt, nur dann der Fall, wenn geltend gemacht wird, daß das Verfahren vor dem Beschwerdegericht fehlerhaft war oder das Beschwerdegericht über einen Umstand, über den das Gericht der ersten Instanz nicht entschieden hatte und auch nicht zu entscheiden hatte, den aber das Beschwerdegericht hätte berücksichtigen müssen, nicht oder nicht richtig entschieden hat und wenn dieser Umstand für sich allein die Aufhebung der angefochtenen Ent-

---

[9]) OLG. Stuttgart Rspr. 42, 43.

[10]) KG. Rspr. 27, 191; Sydow-Busch § 901 Anm. 3; Förster-Kann § 900 Anm. 8; Stein-Jonas § 915 N. 7; Fraeb Judicium 30, 182. A. M. OLG. Rostock Rspr. 31, 148; Hein 593; Falkmann 984.

scheidung rechtfertigen kann [11]). Die Entscheidung über einzelne Umstände kann auch stillschweigend erfolgen, insbesondere enthält jede Sachentscheidung die Bejahung aller Prozeßvoraussetzungen [12]).

Kein Rechtsmittel im Sinne der ZPO., aber begrifflich damit verwandt ist der Rechtsbehelf der Erinnerung, die im Zwangsvollstreckungsverfahren, also auch im Offenbarungseidsverfahren, gegen die Art und Weise der Zwangsvollstreckung nach § 766 zulässig ist. Sie ist grundsätzlich auch gegen Entscheidungen des Gerichts zugelassen; das gilt jedoch nicht, soweit vor der Entscheidung der dadurch beschwerten Partei rechtliches Gehör gewährt werden mußte oder soweit gegen die beschwerende Entscheidung das Rechtsmittel der sofortigen Beschwerde zulässig ist; denn da in den Fällen der sofortigen Beschwerde das Gericht nach § 577 Abs. 3 zu einer Änderung seiner Entscheidung, auch wenn keine Beschwerde eingelegt wird, nicht befugt ist, die Erinnerung aber eine Änderung der angefochtenen Entscheidung durch das entscheidende Gericht bezweckt, ist eine Erinnerung gegen solche Entscheidungen zwecklos. Sie wird also durch die Zulässigkeit der sofortigen Beschwerde stets ausgeschlossen [1]). Daraus folgt, daß im Offenbarungseidsverfahren gegen Entscheidungen des Gerichts eine Erinnerung nicht stattfindet. Zulässig ist sie aber auch dort gegen Maßnahmen des Gerichtsvollziehers und gegen Vollstreckungshandlungen des Gerichts, die sich nicht als Entscheidungen darstellen. Solche Vollstreckungshandlungen sind insbesondere der Vollzug eines Haftbefehles [14]) und die Abnahme des Offenbarungseides [15]).

Eine Wiederaufnahme des Verfahrens findet nicht statt,

---

[11]) Vgl. Stein-Jonas § 568 III.
[12]) Vgl. hinsichtlich der Zuständigkeit KG.: DJZ. 15, 1301.
[13]) Vgl. Stein-Jonas § 766 I 2; § 901 Anm. 11.
[14]) § 901 Anm. 11 u. 16.
[15]) § 903 Anm. 5.

da sie nur gegen Endurteile zugelassen ist (§ 578) [16]). Zu einer solchen besteht auch im Offenbarungseidsverfahren kein Bedürfnis, da die einmalige Leistung des Offenbarungseides den Antrag auf seine erneute Abnahme nicht ohne weiteres ausschließt [17]) und auch ein zurückgewiesener Antrag auf Abnahme des Eides in der Regel erneuert werden kann.

15. Abschnitt.

Voraussetzungen der Zwangsvollstreckung.

Da das Offenbarungseidsverfahren ein Teil der Zwangsvollstreckung ist, finden auch die allgemeinen Vorschriften des achten Buches der ZPO. über die Zwangsvollstreckung und insbesondere deren Voraussetzungen unmittelbare Anwendung. Erforderlich ist hiernach für die Durchführung des Verfahrens ein zur Zwangsvollstreckung geeigneter Schuldtitel. Als solche läßt die ZPO. in erster Linie Urteile zu, die rechtskräftig oder für vorläufig vollstreckbar erklärt sind. Hieraus folgt, daß die Rechtskraft selbst nicht unbedingte Voraussetzung der Zwangsvollstreckung ist, da sie den nur vorläufig vollstreckbaren Urteilen in der Regel fehlt. Auf das Bestehen des der Zwangsvollstreckung zugrunde liegenden materiellen Anspruches kommt es also nicht an, und Einwendungen gegen die Zwangsvollstreckung können außer in den Fällen des § 775 im Offenbarungseidsverfahren wie auch sonst nicht darauf gestützt werden, daß dieser Anspruch nicht bestehe [1]). Sie sind vielmehr, soweit sie überhaupt zulässig sind, nach §§ 767, 768 (vgl. §§ 795—800) mit besonderer Klage geltend zu machen und können auf die Zwangsvollstreckung nur dadurch Einfluß erlangen, daß sie nach § 769 zur einstweiligen Einstellung der

[16]) A. M. Stein-Jonas Vorbem. 5 vor § 578.
[17]) Vgl. § 903 Anm. 5 am Ende.
[1]) Stein-Jonas Vorbem. II 2 vor § 704.

Zwangsvollstreckung führen können. Für diese ist in dringenden Fällen auch das Vollstreckungsgericht zuständig (§ 769 Abs. 2), das allerdings nur eine befristete Einstellung verfügen kann [2]). Solche dringenden Fälle können im Offenbarungseidsverfahren, das sich ja auch vor dem Vollstreckungsgericht abspielt, sehr wohl eintreten, insbesondere dann, wenn der Schuldner nach Befriedigang des Gläubigers verhaftet werden soll. Ist das Urteil noch nicht rechtskräftig, so sind Einwendungen gegen den Anspruch mit dem zulässigen Rechtsbehelf oder Rechtsmittel geltend zu machen. Das kann zur Folge haben, daß die Zwangsvollstreckung nach § 719 auch ohne Sicherheitsleistung einstweilen eingestellt wird, wenn auf Grund des Urteils der Offenbarungseid nach § 807 gefordert wird; denn die Leistung dieses Eides bringt dem Schuldner wegen § 915 nicht nur schwer nachzuweisende, aber immerhin zu ersetzende wirtschaftliche Nachteile, sondern nach der Anschauung weiter Bevölkerungskreise auch ideelle Einbußen an Ruf und Ansehen, und diese sind unersetzlich [3]).

Das Urteil muß von einem deutschen Gericht erlassen sein, und zwar von einem ordentlichen Gericht, Arbeitsgericht, einem der früheren Gewerbe- oder Kaufmannsgerichte oder einem Konsulargerichte. Urteile ausländischer Gerichte reichen, auch wenn sie in Deutschland anerkannt werden, nicht aus, machen vielmehr nach § 722 noch ein Vollstreckungsurteil eines deutschen Gerichts nötig, das dann den deutschen Vollstreckungstitel darstellt.

Vollstreckungstitel sind weiter nach § 794 die dort bezeichneten Urkunden, ferner Arreste und einstweilige Verfügungen und für vollstreckbar erklärte Schiedssprüche. Außerdem findet

[2]) Seuffert § 901 Anm. 3 c.

[3]) OLG. Karlsruhe Spruchbeil. DRZ. 30 Nr. 88. A. M. OLG. Rostock Rspr. 26, 370; OLG. München Rspr. 29, 158; OLG. Dresden SächsArchRpfl. 29, 205; Sydow-Busch § 707 Anm. 6 a.

die Zwangsvollstreckung aus zahlreichen Schuldtiteln statt, die außerhalb des Zivilprozesses erwachsen sind, besonders aus Vergleichen der Miet- und Pachteinigungsämter und Beschwerdestellen sowie Aufwertungsstellen und den dort ergangenen Entscheidungen namentlich hinsichtlich der Kosten, aus Konkurstabellenauszügen und Zwangsvergleichen im Konkurs, dem bestätigten Vergleich nach der Vergleichsordnung, dem Zuschlag in der Zwangsvollstreckung u. a. [4]).

Die Zulässigkeit der Zwangsvollstreckung muß, abgesehen von den Ausnahmefällen der §§ 795a und 796, durch eine besondere Bescheinigung, die Vollstreckungsklausel, bewiesen werden (§§ 724, 795), die den Gläubiger, für den die Vollstreckung stattfinden soll (§ 725) und auch den Schuldner, wenn es eine andere Person als die im Schuldtitel genannte sein soll, namentlich bezeichnen muß (§§ 727—729, 749, 750). Ist sie erteilt, was erst nach Prüfung des Eintritts ihrer Voraussetzungen geschehen darf (§§ 726, 730, 731), so können Einwendungen gegen ihre Zulässigkeit nur im besonderen Verfahren geltend gemacht werden (§ 732), die Zwangsvollstreckung also nicht hemmen, soweit sie nicht zu einer einstweiligen Anordnung nach § 732 Abs. 2 führen.

Der Zwang zur Leistung des Offenbarungseides richtet sich lediglich gegen die Person des Schuldners und berührt das offenbarte Vermögen nicht, die Erzwingung der Eidesleistung stellt also noch keine Zwangsvollstreckung in dieses Vermögen dar. Die Bestimmungen der §§ 735—749 kommen daher für das Offenbarungseidsverfahren nicht in Betracht, insbesondere ist die Pflicht einer Ehefrau im gesetzlichen Güterstande zur Leistung des Offenbarungseides nicht davon abhängig, daß der Ehemann zur Duldung der Zwangsvollstreckung

---

[4]) Vgl. die ausführliche Aufzählung bei Stein-Jonas § 704 VIII.

verurteilt worden ist [5]), was vielfach mangels seiner Verpflichtung dazu gar nicht möglich wäre.

Der nach § 739 zur Duldung der Zwangsvollstreckung verurteilte Ehemann ist selbst zur Leistung des Offenbarungseides auf Grund dieses Duldungsurteils nicht verpflichtet [6]). Das gilt auch im Falle des § 883 [7]).

Voraussetzung für den Beginn des Offenbarungseidsverfahrens als eines Teils der Zwangsvollstreckung ist ferner, daß der Schuldtitel und in den Fällen des § 750 Abs. 2 die dort bezeichneten Urkunden sowie die Urkunde über die Leistung einer etwa erforderlichen Sicherheit vor Beginn des Verfahrens zugestellt sind (§§ 750, 751, Abs. 2, 795) — eine gleichzeitige Zustellung ist nach § 900 nicht möglich, da das Verfahren nicht mit einer Zustellung beginnt. Bei besonderen Kostenfestsetzungsbeschlüssen und vollstreckbaren Urkunden muß ferner seit der Zustellung eine Woche verstrichen sein (§ 798), und bei befristeten Ansprüchen muß der Tag der Fälligkeit nicht nur eingetreten, sondern bereits abgelaufen sein (§ 751).

Gegen einen Angehörigen der Wehrmacht [8]) darf ferner jede Art der Zwangsvollstreckung, also auch das Offenbarungseidsverfahren [9]), nach § 752 erst nach Anzeige an die vorgesetzte Militärbehörde [10]) beginnen. Diese Anzeige liegt dem Gläubiger ob, da das Verfahren nach § 900 mit seinem Antrage

---

[5]) LG. Hamburg HansGZ. 29 B 110; Kraus BayZ. 07, 252; Brunkow DJZ. 10, 310; Neumann JW. 11, 909; Baumbach § 739 Anm 5 D; Planck Komm. z. BGB. § 1411 Anm. 14a; KG. Rspr. 20, 335. A. M., falls Offenbarung des eingebrachten Guts gefordert wird (vgl. § 807 Anm. 8 u. 16), Hein 561; Förster-Kann § 739 Anm. 6d; Stein-Jonas § 739 IV; LG. Dresden Recht 02, 154. Vgl. auch II. Ka—. N. 15.

[6]) Vgl. § 807 Anm. 5 u. 6.

[7]) A. M. Stein-Jonas § 739 N. 32; Förster-Kann § 739 Anm. 6d.

[8]) Vgl. § 912 Anm. 1.

[9]) OLG. Posen Rspr. 37, 164.

[10]) S. darüber die VO. des RWehrM. v. 4. 11. 22, HVBl. S. 491 u. RGBl. 26 II 285.

beginnt [11]), und ist durch die dem Gläubiger zu erteilende Bescheinigung nach § 752 Abs. 2 nachzuweisen.

Die Bestimmungen über die Befugnisse des Gerichtsvollziehers haben nur für die Vollstreckung der Haft Bedeutung, da im übrigen für das Verfahren nach § 899 die Vollstreckungsgerichte zuständig sind. Diese haben vor Anberaumung des Schwurtermins, die schon eine Vollstreckungsmaßnahme darstellt, zu prüfen, ob wegen einer notwendigen Zug-um-Zug-Leistung des Gläubigers der Schuldner befriedigt oder im Verzuge der Annahme ist und dies durch öffentliche oder öffentlich beglaubigte Urkunden nachgewiesen ist. Die Urkunden müssen zugestellt sein, soweit nicht das Protokoll des Gerichtsvollziehers über die von ihm vorgenommene Zwangsvollstreckung selbst diese Beweisurkunde darstellt (§ 765).

Nach § 761 dürfen zur Nachtzeit (§ 188 Abs. 1) sowie an Sonntagen und allgemeinen Feiertagen Vollstreckungshandlungen nur mit Erlaubnis des Amtsrichters erfolgen, in dessen Bezirk sie geschehen sollen, also nicht notwendig des Vollstreckungsgerichts. Diese Bestimmung kann für die Verhaftung leicht von Bedeutung werden. Sowohl der Gläubiger als auch der Gerichtsvollzieher können um die Erlaubnis nachsuchen [12]). Ihre Erteilung, die im Ermessen des Gerichts steht, ist eine Vollstreckungshandlung, aber keine Entscheidung. Sie ist daher mit der Erinnerung nach § 766, nicht mit der Beschwerde anfechtbar. Dasselbe muß im Falle der Ablehnung gelten [13]). Die Ver-

---

[11]) Fraeb ZZP. 54, 309 u. Stein-Jonas § 900 III 2 sehen allerdings den Beginn der Vollstreckung erst in der Terminsbestimmung. Danach würde die Anzeigepflicht nach § 752 auch dem Gericht obliegen.

[12]) Stein-Jonas § 761 N. 4. A. M. Schönfeld GVollzZ. 3, 101.

[13]) A. M. Förster-Kann § 761 u. Stein-Jonas § 761 I (einfache Beschwerde nach § 567); ferner Crasemann DJZ. 19, 428 (sofortige Beschwerde nach § 793).

fügung, wodurch die Erlaubnis erteilt wird, ist bei der Verhaftung vorzuzeigen, einer abschriftlichen Mitteilung bedarf es jedoch hier nicht. Für die Rechtmäßigkeit der Verhaftung ist nur die Erteilung der Erlaubnis, nicht ihre Vorzeigung wesentlich.

Das Gericht, an das der Antrag auf Abnahme des Eides gerichtet wird, ist zur Empfangnahme der dem Gläubiger gebührenden Leistung nicht befugt, da § 754 nur für den Gerichtsvollzieher gilt. Will der Schuldner durch Befriedigung des Gläubigers das Verfahren beenden, so muß er an den Gläubiger selbst leisten und dann nach § 775, nötigenfalls auch nach §§ 767, 769, die Einstellung des Verfahrens herbeiführen. Nur bei der Verhaftung kann der Schuldner die Leistung, wegen derer der Haftbefehl erging — auch wenn es nur ein Teil des Anspruchs aus dem Schuldtitel ist —, an den Gerichtsvollzieher bewirken, der dann nach §§ 754, 757 die Ausfertigung des Haftbefehls, bei vollständiger Befriedigung des Gläubigers auch des Schuldtitels, dem Schuldner auszuhändigen hat [14]).

§ 775, der sich auf alle Fälle der Zwangsvollstreckung bezieht, ist auch im Offenbarungseidsverfahren unmittelbar anwendbar. Wie sich diese Bestimmung hier auswirkt, darüber herrschen allerdings vielfach Zweifel. Die Zwangsvollstreckung ist in den Fällen des § 775 einzustellen oder zu beschränken. Die Beschränkung, die bei Eintritt der Voraussetzungen hinsichtlich eines Teiles des Anspruches nötig wird, hindert die Fortsetzung des Verfahrens wegen des Restes nicht. Liegen aber die Voraussetzungen für die Einstellung hinsichtlich des gesamten Anspruches vor, wozu nach § 788 auch die Kosten der Zwangsvollstreckung gehören, so muß die Einstellung des Verfahrens ausgesprochen werden, und zwar durch einen nach § 793 mit der sofortigen Beschwerde anfechtbaren Beschluß [15]).

---

[14]) Vgl. 6. Abschn. N. 8 u. Stein-Jonas § 754 N. 9.
[15]) Förster-Kann § 775 Anm. 4; Queck 78.

Damit werden weitere Vollzugsmaßnahmen unstatthaft, ein schon ergangener Haftbefehl darf nicht weiter vollstreckt werden, ein etwa noch anstehender Termin ist aufzuheben [16]), überhaupt wird jede weitere Vollstreckungstätigkeit unzulässig. Dagegen ist eine Aufhebung bereits erfolgter Vollstreckungsmaßregeln nach § 776 nur in den Fällen des § 775 Ziff. 1 und 3 und, falls das in der betreffenden Entscheidung angeordnet ist, auch im Falle der Ziffer 2 zulässig. Sie hat dann durch das Vollstreckungsgericht zu erfolgen, das hiernach ausnahmsweise auch zur Aufhebung einer sonst unabänderlichen Entscheidung wie des Haftbefehls befugt ist [17]). Über § 776 hinaus ist aber eine Aufhebung von Vollstreckungsmaßregeln nicht statthaft, ein ergangener Haftbefehl bleibt also bestehen, und die Einstellung des Verfahrens schließt nur seine Vollziehung aus [18]). Dies wird in dem Einstellungsbeschluß zweckmäßig besonders zum Ausdruck zu bringen sein [19]).

Das gilt auch, wenn das Vorliegen der Voraussetzungen des § 775 erst mit der Beschwerde geltend gemacht wird. Auch in diesem Falle hat die Einstellung des Verfahrens durch das Vollstreckungsgericht zu erfolgen, die das Verfahren zum Stillstand bringt, so daß für die Dauer der Einstellung auch über die Beschwerde nicht zu entscheiden ist [20]). Anders liegt der Fall nur, wenn mit der Beschwerde gerade geltend gemacht wird, daß das Vollstreckungsgericht bei seiner Entscheidung die schon damals vorliegenden Voraussetzungen für die Einstellung zu unrecht nicht beachtet habe. Trifft das zu, dann hat das

[16]) Fraeb ZZP. 54, 297.
[17]) Vgl. 14. Abschn. N. 7.
[18]) A. M. Stein-Jonas § 775 N. 22.
[19]) Fraeb ZZP. 54, 297.
[20]) Vgl. die von Fraeb ZZP. 54, 310 mitgeteilte Entscheidung des LG. Hanau. Nach Fraeb a. a. O. 291 werden durch die Einstellung auch die bereits laufenden Fristen (Beschwerdefrist!) unterbrochen. Vgl. auch OLG. Karlsruhe JW. 28, 741.

Beschwerdegericht die zu unrecht erlassene Entscheidung aufzuheben.

Die Einstellung ist in den Fällen des § 776 eine dauernde, da hier die begonnene Zwangsvollstreckung unzulässig geworden ist. Wird also das aufgehobene Urteil später wiederhergestellt (§ 775 Ziff. 1) oder das gegen Sicherheit vorläufig vollstreckbare Urteil rechtskräftig (§ 775 Ziff. 3), so kann das vor der Einstellung begonnene Verfahren nicht fortgesetzt werden, es bedarf vielmehr der Einleitung eines neuen Verfahrens, für das z. B. die rechtskräftige Verwerfung eines Widerspruchs in dem früheren Verfahren nicht wirksam ist.

In den übrigen Fällen dagegen wird durch die Einstellung das Verfahren nur gehemmt dergestalt, daß es in dem Stande, in dem es sich zur Zeit der Einstellung befand, wieder fortgesetzt werden kann, wenn die Voraussetzung für die Einstellung weggefallen ist. Das geschieht im Falle des § 775 Ziff. 2 durch Außerkrafttreten der einstweiligen Einstellung, sei es infolge Fristablaufs oder ausdrücklicher Aufhebung. In den Fällen des § 775 Ziff. 4 und 5 ist auf Antrag des Gläubigers das Verfahren fortzusetzen und dem Schuldner die Erhebung einer Klage nach § 767 und die Erwirkung einer weiteren einstweiligen Einstellung nach § 769 zu überlassen [21]).

Nicht unter § 775, sondern unter § 767 fällt die Abtretung des Anspruchs aus dem Schuldtitel [22]). Das gleiche gilt von der Pfändung des Anspruchs [23]); nur seine Überweisung an den Schuldner ist als Befriedigung des Gläubigers im Sinne des § 775 Ziff. 4 anzusehen [24]).

Nach § 778 Abs. 1 ist vor der Annahme der Erbschaft nur

---

[21]) So auch die h. M. im Einklang mit den Motiven. A. M. RGZ. 33, 292; Förster-Kann § 775 Anm. 5; Stein-Jonas § 775 III.

[22]) LG. I Berlin Goldmann 371.

[23]) Stein-Jonas § 775 N. 4.

[24]) Stein-Jonas § 775 N. 15.

eine Zwangsvollstreckung in den Nachlaß zulässig. Der Offenbarungseid kann daher in dieser Zeit vom Erben nicht gefordert werden, da sich der Zwang zur Eidesleistung gegen seine Person richtet. Aus dem gleichen Grunde ist auch § 779, wonach eine beim Tode des Schuldners schon begonnene Zwangsvollstreckung in den Nachlaß fortzusetzen ist, im Offenbarungseidsverfahren nicht anwendbar, insbesondere hat ein etwa nach § 779 Abs. 2 bestellter besonderer Vertreter nicht den Offenbarungseid über den Nachlaß zu leisten[25]). Dagegen hindert § 778 Abs. 2 nicht, daß wegen eigener Verbindlichkeiten eines Erben vor Annahme der Erbschaft von ihm der Offenbarungseid gefordert wird, wobei auch die Erbschaft als zu seinem Vermögen gehörig im Falle des § 807 mit anzugeben ist.

Der Tod des Gläubigers nach Beginn des Offenbarungseidsverfahrens ist so lange ohne Einfluß, als es nicht einer neuen Handlung des Gläubigers, etwa eines Antrages auf Anordnung der Haft oder des Auftrages zur Verhaftung, bedarf; in diesem Fall aber muß die Vollstreckungsklausel auf den Erben umgeschrieben werden, für den die weitere Vollstreckung erfolgen soll, auch wenn der Gläubiger einen Prozeßbevollmächtigten hatte[26]).

Die Eröffnung des Konkursverfahrens über das Vermögen einer Partei bewirkt zwar keine Unterbrechung, da § 240 im Offenbarungseidsverfahren nicht anwendbar ist. Sie bleibt aber nur dann ohne Einfluß, wenn der Anspruch, wegen dessen der Eid gefordert wird, vom Konkursverfahren nicht betroffen wird[27]). Sonst aber bedarf es zur Fortsetzung des Verfahrens einer neuen Vollstreckungsklausel für den Konkursverwalter,

---

[25]) Bondi ZZP. 32, 228; Förster-Kann § 779 Anm. 2 b; Stein-Jonas § 807 N. 47. A. M. Fraeb Rechtsgang II 94.

[26]) OLG. Dresden SeuffArch. 43 Nr. 313; Fraeb ZZP. 54, 274. A. M. KG. Rspr. 26, 380.

[27]) Vgl. Fraeb ZZP. 54, 275.

und der in Konkurs geratene Schuldner selbst kann während des Konkursverfahrens nur zur Leistung des Offenbarungseides nach § 125 KO. gezwungen werden [28]). Durch die Eröffnung des Konkursverfahrens über das Vermögen des Schuldners wird also die Fortsetzung eines gegen ihn schwebenden Offenbarungseidsverfahrens zunächst unzulässig, so daß es vom Vollstreckungsgericht einzustellen ist [29]), allerdings nur für die Dauer des Konkursverfahrens, nach dessen Beendigung es fortgesetzt werden kann. Das gleiche gilt von der Eröffnung des Vergleichsverfahrens.

Die Beschränkung der Haftung des Erben auf den Nachlaß ist auf das Offenbarungseidsverfahren ohne Einfluß, da der Erbe trotz seiner beschränkten Haftung persönlich Schuldner bleibt. Er ist daher, auch wenn ihm die Beschränkung seiner Haftung auf den Nachlaß im Urteil nach § 780 ausdrücklich vorbehalten ist, zur Leistung des Offenbarungseides, und zwar im Falle des § 807 hinsichtlich seines ganzen Vermögens, verpflichtet [30]). Eine Beschränkung dieser Pflicht auf den Nachlaß gemäß §§ 781, 785 ist nicht möglich [31]), da der Offenbarungseid nach § 807 die vollständige Angabe des Vermögens fordert, hinsichtlich eines Vermögensteiles also nicht zulässig ist [32]). Durch einen Widerspruch nach § 900 Abs. 3 kann die Haftungsbeschränkung erst recht nicht geltend gemacht werden [33]).

---

[28]) Vgl. Anhang Ziff. 4.

[29]) Stein-Jonas Vorbem. vor § 704 N. 84; Hein 565; vgl. KG. Rspr. 23, 226.

[30]) So mit Recht die h. M., vgl. aber N. 31 ff.

[31]) Vgl. die OLG. Hamburg Rspr. 11, 99 u. HöchstRRspr. 29 Nr. 1069; Breslau Rspr. 11, 108; Marienwerder Rspr. 19, 4; Rostock Rspr. 35, 177. A. M. Förster-Kann § 781; Stein-Jonas § 781 N. 7; Sydow-Busch § 781 Anm. 2; Baumbach § 781 Anm. 2.

[32]) Vgl. § 807 Anm. 16.

[33]) Stein-Jonas § 900 N. 18; OLG. Dresden Rspr. 37, 170. A. M. KG. Rspr. 40, 407.

Will der Erbe sich von der Pflicht zur Leistung des Eides hinsichtlich seines eigenen Vermögens befreien, so bleibt ihm nur der Weg offen, daß er sich vor dem Nachlaßgericht zur Leistung des Offenbarungseides nach § 2006 BGB. [34]) hinsichtlich des Nachlasses erbietet und die Anberaumung eines Termins dazu gemäß § 79 FGG. beantragt, sobald ein Nachlaßgläubiger von ihm die Leistung des Offenbarungseides nach § 807 fordert; denn dann liegen auch die Voraussetzungen vor, unter denen der Erbe zur Leistung des Offenbarungseides nach § 2006 BGB. verpflichtet ist, und nach dessen Leistung hat der Gläubiger kein Rechtsschutzbedürfnis mehr nach der Leistung des Offenbarungseides nach § 807 ZPO., wenn dem Erben die Beschränkung seiner Haftung auf den Nachlaß vorbehalten ist, der Gläubiger also in das nach § 807 mit zu offenbarende Eigenvermögen des Erben ohnehin nicht vollstrecken könnte. Will der Gläubiger den Eid nur hinsichtlich des Nachlasses fordern, so kann auch er nur nach § 79 FGG. verfahren [35]).

B. Erläuterungen zu den §§ 807, 883, 899–915 ZPO.

§ 807.

Hat die Pfändung zu einer vollständigen Befriedigung des Gläubigers nicht geführt oder macht dieser glaubhaft, daß er durch Pfändung seine Befriedigung nicht vollständig erlangen könne, so ist der Schuldner

---

[34]) Vgl. Anhang Ziff. 2.

[35]) Schumann 15. Anders die h. M., vgl. Stein-Jonas § 781 N. 7 u. Förster-Kann § 781. Das von diesem erhobene Bedenken, der Eid nach § 2006 BGB. könne nicht erzwungen werden, greift aber nicht durch, da der Erbe den Eid leisten muß, wenn er sich die Haftungsbeschränkung erhalten will.

auf Antrag verpflichtet, ein Verzeichnis seines Vermögens vorzulegen, in betreff seiner Forderungen den Grund und die Beweismittel zu bezeichnen sowie den Offenbarungseid dahin zu leisten:

daß er nach bestem Wissen sein Vermögen so vollständig angegeben habe, als er dazu imstande sei.

Übersicht der Anmerkungen:

1 Die Bestimmung umschreibt die Voraussetzungen, unter denen der in der Praxis weitaus häufigste Offenbarungseid über das Vermögen des Schuldners gefordert werden kann. Aus ihrer Stellung im ersten Titel des zweiten Abschnitts des achten Buches der ZPO. ergibt sich, daß durch den hier normierten Eid festgestellt werden soll, welche Möglichkeiten der Zwangsvollstreckung wegen einer Geldforderung in das bewegliche Vermögen des Schuldners bestehen.

2 Der Gläubiger muß also imstande sein, die Zwangsvollstreckung gegen den Schuldner zu betreiben, d. h. er muß sich im Besitze eines Schuldtitels befinden, aus dem z. Z. des Verfahrens für den betreibenden Gläubiger gegen den in Anspruch genommenen Schuldner die Zwangsvollstreckung stattfinden darf.

3 Die Leistung des Eides kann an sich auch auf Grund eines dinglichen Arrestbefehles [1]) gefordert werden, denn auch dieser ist ein zur Zwangsvollstreckung geeigneter Titel, auf dessen Voll-

---

[1]) Nicht aber eines persönlichen, Stein-Jonas § 807 N. 4.

ziehung die Vorschriften über die Zwangsvollstreckung nach § 928 entsprechende Anwendung finden, doch ist diese Frage sehr bestritten[2]). Für die Gegenansicht wird meist der Grund angeführt, daß § 807 die nicht erfolgte Befriedigung des Gläubigers und damit voraussetze, daß der Gläubiger auf Grund des Schuldtitels Befriedigung fordern könne, was aber bei dem nur auf Sicherstellung gerichteten Arrestbefehl nicht der Fall sei. Dabei wird jedoch der Ausdruck Befriedigung in § 807 fälschlich auf den materiellen Anspruch des Gläubigers bezogen, während er sich in Wahrheit auf den Vollstreckungsanspruch aus dem Schuldtitel bezieht. Geht dieser Anspruch nur auf Pfändung, so wird hinsichtlich seiner der Gläubiger durch Vornahme der Pfändung befriedigt[3]). Das Bedenken, daß der Offenbarungseid auf Grund eines Arrestes nicht gefordert werden könne, weil dieser nur infolge einseitiger Parteibehauptungen erginge[4]), erscheint auch nicht durchschlagend, denn vom Versäumnisurteil gegen den schuldlos ausgebliebenen Beklagten müßte dann das gleiche gelten, was augenscheinlich unhaltbar ist; zudem erfordert das Arrestverfahren immerhin eine

---

[2]) Für die Zulässigkeit die OLG. Celle JW. 22, 504; Colmar Rspr. 14, 192; Dresden SächsOLG. 26, 182 u. JW. 25, 816; Düsseldorf JW. 22, 510; Frankfurt Recht 08 Nr. 2382 u. JW. 20, 717; Hamburg Rspr. 2, 129 u. 35, 136, HansGZ. 20, 219 u. 34, 100; Jena SeuffArch. 74, 202 u. Rspr. 39, 88; KG. Rspr. 14, 197, JW. 30, 1085; Karlsruhe BadRPr. 27, 6; Kiel Rspr. 22, 373; Marienwerder Rspr. 2, 359; Stuttgart JahrbfwürttRpfl. 25, 204; ferner Crasemann Recht 13, 94; Francke 4 ff.; Friedländer Gruch. 33, 566; Hein 560; Hellwig-Oertmann II 259; Pfeiffer JW. 30, 1185; Schmidt 1002; Schumann 44; Schwalm 10; Förster-Kann § 807 Anm. 2; Seuffert § 807 Anm. 3; Stein-Jonas § 807 N. 5; Sydow-Busch § 899 Anm. 1. A. M. die OLG. Breslau KGBl. 07, 124; Dresden SächsOLG. 28, 272, Rspr. 14, 195, JW. 19, 689; Hamburg SeuffArch. 44, 473; KG. KGBl. 05,71 (später aufgegeben, s. o.); ferner Bödiker DJZ. 06, 814; Kuttner DJZ. 29, 1049; Lubowski 10; Schönfeld 14 u. a.

[3]) Vgl. auch wegen der Eintragung einer Arresthypothek Stein-Jonas § 807 II 4.

[4]) So OLG. Dresden Rspr. 14, 195.

Glaubhaftmachung, und der Schuldner kann die Vollziehung des Arrestes stets durch Hinterlegung nach § 923 abwenden. Im übrigen ist die Frage praktisch von verhältnismäßig geringer Bedeutung im Hinblick auf § 929 Abs. 2, wonach die Vollziehung des Arrestes nur innerhalb eines Monats nach der Verkündung oder Zustellung an den Gläubiger zulässig ist. Da aber der Offenbarungseid nur zur Ermöglichung der Zwangsvollstreckung aus dem Schuldtitel dient, aus dem der Eid gefordert wird, ist das Verfahren mangels eines Rechtsschutzbedürfnisses unzulässig, sobald sich ergibt, daß eine Verwertung seines Ergebnisses durch Pfändung aus dem Arrestbefehl nicht mehr möglich ist. Die Möglichkeit der Verwendung für eine spätere Zwangsvollstreckung auf Grund eines anderen noch zu erwirkenden Schuldtitels kann die Zulässigkeit des Verfahrens nicht begründen, weil das über den Zweck des § 807 hinausginge, Möglichkeiten zur Vollstreckung des Schuldtitels zu ermitteln, wegen dessen das Verfahren betrieben wird, und es zudem mindestens zweifelhaft ist, ob der Gläubiger überhaupt einen zweiten Schuldtitel erwirken kann[5]). Daraus folgt, daß das Offenbarungseidsverfahren auf Grund eines Arrestes vor Ablauf der Vollziehungsfrist nicht nur eingeleitet, sondern auch beendet werden müßte[6]), was der Schuldner bei der gegenwärtigen Regelung des Verfahrens durch Erhebung eines Widerspruchs mühelos verhindern kann. Daß dieses Ergebnis unbefriedigend ist, rechtfertigt jedoch eine andere Stellungnahme nicht und beweist auch nicht die Unrichtigkeit der hier vertretenen Ansicht, sondern nur die Unzulänglichkeit des Gesetzes, das durch die gegenwärtige

---

[5]) Stein-Jonas § 929 N. 16. A. M. OLG. Frankfurt Recht 08 Nr. 2382.

[6]) Bartmann DJZ. 25, 1864; Crasemann Recht 13, 94; Falkmann 968; Goldschmidt 324; Hein 560; Schultz JW. 20, 984, 22, 510 u. 1542, 26, 2118; Schwalm 10; Stein-Jonas § 929 N. 16; OLG. Frankfurt JW. 20, 717; OLG. Hamburg Rspr. 35, 136; OLG. Rostock Rspr. 33, 128; OLG. Stuttgart Rspr. 39, 88 N. 2 und die frühere Rechtsprechung des KG., das allerdings jetzt JW. 30, 1085 wie die übrigen in § 900 N. 1 zit. den Beginn des Verfahrens vor Ablauf der Vollziehungsfrist genügen lassen will.

Ausgestaltung des Offenbarungseidsverfahrens die Vereitelung seiner Durchführung in der zu kurzen Frist des § 929 Abs. 2 ermöglicht.

4 Eine einstweilige Verfügung, durch die dem Schuldner die Zahlung oder Hinterlegung eines Geldbetrages aufgegeben wird, berechtigt den Gläubiger gleichfalls, die Leistung des Eides aus § 807 zu verlangen [7]). Wegen der Hinterlegung gilt hier das vorstehend Ausgeführte über den Sicherungszweck beim Arrestbefehl. Zu beachten ist aber, daß nach herrschender Ansicht bei den einstweiligen Verfügungen die Zustellung an den Schuldner zur Wahrung der Frist des § 929 Abs. 2 genügt und die Durchführung der Anordnung bei rechtzeitiger Zustellung auch später jederzeit erfolgen kann. Das Offenbarungseidsverfahren auf Grund einer einstweiligen Verfügung kann also nicht durch Ablauf der Vollziehungsfrist unzulässig werden, wenn die Zustellung der einstweiligen Verfügung rechtzeitig bewirkt wird [8]).

5 Der Schuldtitel, aus dem die Zwangsvollstreckung erfolgt, muß auf eine Geldforderung gerichtet sein. Ein auf eine andere Leistung gerichteter Schuldtitel genügt nicht, auch wenn der Gläubiger daraus nach § 893 das Interesse in Geld fordern kann. Wegen einer Geldforderung ist der Schuldtitel ergangen, wenn der Gläubiger daraus von dem Vollstreckungsschuldner, also demjenigen, gegen den der Titel gerichtet ist, Zahlung, gleichviel an wen, oder Hinterlegung [9]) einer bestimmten oder wenigstens bestimmbaren (vgl. §§ 9 ff. der EntlVO. wegen der wertbeständigen Schuldtitel) Geldsumme verlangen kann. Ist dagegen der Schuldner nur zur Duldung der Zwangsvollstreckung verurteilt, so liegt eine Geldforderung gegen ihn nicht vor. Er ist deshalb zur Leistung des Offenbarungseides nicht verpflichtet [10]). Zwar werden diese

---

[7]) Stein-Jonas § 807 N. 6.

[8]) Vgl. Stein-Jonas § 938 III; Schwalm 11. A. M. OLG. Stuttgart Rspr. 39, 88 N. 2; OLG. Hamburg Rspr. 35, 136.

[9]) Förster-Kann Vorbem. 2 vor § 903; Stein-Jonas Vorbem. I 3 vor § 903.

[10]) Geib ArchZivPr. 94, 357 u. 97, 161; Kretschmann ZZP. 47, 237; Mantey Recht 05, 365. Anders die h. M., vgl. Stein-Jonas § 739 N. 31.

Duldungsansprüche, wenn sie in Verbindung mit einem Zahlungsanspruch erhoben werden, allgemein ebenso wie diese behandelt, können also auch im Wechselprozeß und im Mahnverfahren geltend gemacht werden. Das beruht aber nicht darauf, daß sie selbst eine Geldforderung zum Gegenstand hätten, sondern nur auf der rein akzessorischen Natur dieser Ansprüche, die stets das Bestehen eines anderen Hauptanspruchs voraussetzen. Wenn also ein derartiger Duldungsanspruch getrennt von dem Zahlungsanspruch in besonderem Verfahren geltend gemacht werden soll, so ist dafür auch das Mahnverfahren und der Wechselprozeß nicht zulässig [11]). Die Klage auf Duldung der Zwangsvollstreckung insbesondere aus § 739 ZPO. kann also sachlich nicht als eine Leistungsklage angesehen werden, sondern nur als eine Feststellungsklage dahin, daß der Mann der Zwangsvollstreckung in das eingebrachte Gut auf Grund seines Besitzes oder seines ehemännlichen Nutzungsrechtes nicht widersprechen kann [12]). Eine Haftung des Mannes für die Schulden der Ehefrau im gesetzlichen Güterstande besteht nach der Regelung des BGB. nicht, für die Schulden der Frau haftet vielmehr nur diese selbst, allerdings unter Umständen auch mit ihrem eingebrachten Gut.

6 Voraussetzung für die Verpflichtung eines Schuldners zur Leistung des Offenbarungseides ist weiter, daß die Zwangsvollstreckung in das bewegliche Vermögen des Schuldners erfolgen soll. Aus diesem Grunde sind Schuldtitel ungeeignet, die ihrem Inhalte nach nur die Zwangsvollstreckung in das unbewegliche Vermögen gestatten. Das Vermögen, in das die Zwangsvollstreckung möglich ist, muß das des Schuldners sein; auch hieraus ergibt sich, daß der nach § 739 zur Duldung der Zwangsvollstreckung verurteilte Ehemann den Offenbarungseid hinsichtlich des eingebrachten Gutes nicht zu leisten hat.

7 Eine Ausnahme bilden nur die Parteien kraft Amtes, wie Konkursverwalter, Testamentsvollstrecker und Nachlaßverwalter. Sie werden, mag auch diese Konstruktion begrifflich der heutigen

---

[11]) A. M. Stein-Jonas § 739 II 2.

[12]) Ebenso Planck Komm. z. BGB. § 1411 Anm. 14 c; Staudinger Komm. z. BGB. § 1411 Anm. 7.

Auffassung nicht entsprechen, tatsächlich doch von der ZPO. in nahezu allen Beziehungen wie die gesetzlichen Vertreter einer juristischen Person behandelt, deren Rechte die von der Partei verwaltete Vermögensmasse zum Träger haben. Die ZPO. spricht auch ausdrücklich im § 17 von Vermögensmassen, welche als solche verklagt werden können, und hat dabei offensichtlich die hier behandelten Fälle im Auge. Die Parteien kraft Amtes sind daher verpflichtet, wenn die sonstigen Voraussetzungen des § 807 erfüllt sind, den dort vorgeschriebenen Offenbarungseid hinsichtlich des von ihnen in ihrer amtlichen Eigenschaft verwalteten Vermögens zu leisten [13]), wie auch ein gesetzlicher Vertreter das Vermögen des von ihm vertretenen Schuldners zu offenbaren hat.

8 Ob der Schuldner mit seinem ganzen beweglichen Vermögen oder nur mit einem Teil davon haftet, ist für die Verpflichtung zur Leistung des Eides unerheblich [14]), denn die Erzwingung des Eides stellt, wenn sie auch eine Vollstreckungshandlung ist, selbst noch keine Zwangsvollstreckung in das offenbarte Vermögen dar. Daher ist der Erbe des Schuldners auch bei beschränkter Haftung zur Leistung des Offenbarungseides hinsichtlich seines ganzen Vermögens verpflichtet [15]), ebenso die Ehefrau, deren Mann nicht zur Duldung der Zwangsvollstreckung ins eingebrachte Gut verurteilt ist [16]).

9 Auf Grund eines hiernach geeigneten Schuldtitels kann der Gläubiger den Offenbarungseid fordern, wenn die Pfändung nicht zu seiner vollständigen Befriedigung geführt hat oder er glaubhaft macht, daß sie nicht dazu führen wird. Ist ersichtlich, daß der Schuldner an mehreren Stellen (z. B. Wohnung und Geschäfts-

---

[13]) Bondi ZZP. 32, 231; Stein-Jonas § 807 N. 48. A. M. Kretzschmar BayZ. 18, 233. Vgl. auch Schumann LeipzZ. 26, 418, der den Treuhänder für verpflichtet hält, den Eid hinsichtlich des Treuguts zu leisten. Für diese Konstruktion fehlt aber noch die rechtliche Grundlage.

[14]) A. M. Stein-Jonas § 807 II 3.

[15]) Vgl. III. Kap. 15. Abschn. N. 30.

[16]) RG. Rspr. 20, 335; Sydow-Busch § 739 Anm. 2 u. § 807 Anm. 4. A. M. Förster-Kann § 739 Anm. 6 d; Stein-Jonas § 739 IV. Vgl. III. Kap. 15. Abschn. N. 5.

raum) pfändbare Sachen in Gewahrsam hat, so ist die Pfändung erst dann erfolglos, wenn sie an allen diesen Stellen vergeblich versucht worden ist[17]). Durch die Bezeichnung pfändbarer Gegenstände während des Verfahrens nach fruchtloser Pfändung kann jedoch der Schuldner dem zulässigen Antrage des Gläubigers nicht die Grundlage entziehen[18]). Die Erfolglosigkeit einer vorgenommenen Pfändung ist zu beweisen, da Glaubhaftmachung nur für die zweite Alternative nachgelassen ist. Eine Bescheinigung des Gerichtsvollziehers wird in der Regel zum Beweise ausreichen[19]). Die Glaubhaftmachung im zweiten Falle kann auf jede nach § 294 zulässige Art erfolgen, auch durch den Nachweis, daß eine wegen Formmangels unwirksame Pfändung fruchtlos war[20]) oder daß die gepfändeten Gegenstände, weil sie ein Dritter für sich beansprucht, nicht versteigert werden können und widerspruchsfreie pfändbare Sachen nicht vorhanden sind. Daß die gepfändeten Sachen schon freigegeben sind, ist nicht unbedingt erforderlich[21]). Die Glaubhaftmachung ist entbehrlich für gerichtskundige Tatsachen (§ 291), z. B. dafür, daß der Schuldner in letzter Zeit vom Vollstreckungsgericht schon wiederholt zur Leistung des Offenbarungseides vorgeladen worden sei.

10 Wann die erfolglose Pfändung stattgefunden hat, ist nach der Fassung des Gesetzes unerheblich, der Gläubiger braucht also, selbst wenn die Pfändung schon längere Zeit zurückliegt, ehe er den Offenbarungseid verlangt, nicht nochmals die Pfändung zu versuchen[22]), sondern kann es dem Schuldner überlassen, durch Befriedigung des Gläubigers das Verfahren zu beenden, wenn sich seine Verhältnisse seit der ersten Pfändung gebessert haben.

---

[17]) Schumann N. 97; Stein-Jonas § 807 N. 13. A. M. Mampe Recht 11, 136; Förster-Kann § 807 Anm. 3 a.

[18]) Vgl. OLG. Düsseldorf Recht 13 Nr. 2455. A. M. Queck 87.

[19]) Stein-Jonas § 807 N. 11. A. M. Queck 23.

[20]) OLG. Posen Rspr. 37, 164; Sydow-Busch § 807 Anm. 2.

[21]) Lubowski 15; Neumann DJZ. 07, 693 u. JW. 13, 1192; Schröder DJZ. 02, 390; OLG. Dresden ZZP. 36, 176; LG. I Berlin Goldmann 121 ff.

[22]) LG. I Berlin KGBl. 10, 76; Schumann 77. A. M. Förster-Kann § 807 Anm. 3 a; Stein-Jonas § 807 N. 12 (ohne Begründung).

Eine fruchtlose Pfändung muß jedoch außer Betracht bleiben, wenn später wegen desselben Anspruchs eine erfolgreiche Pfändung vorgenommen worden ist[23]).

11 Die **Pfändung** muß erfolglos sein oder scheinen; das ist nach der ZPO. nur die Zwangsvollstreckung in das bewegliche Vermögen und in Forderungen. Eine Zwangsvollstreckung in das unbewegliche Vermögen des Schuldners ist also nicht erforderlich, für sich allein aber auch nicht ausreichend, um die Anwendung des § 807 zu begründen[24]). Hat aber der Gläubiger nach § 866 eine Sicherungshypothek erwirkt, so kann er bei Vorliegen der sonstigen Voraussetzungen den Eid nur verlangen, wenn er nach dem Schuldtitel sofortige Zahlung fordern kann, die durch eine Zwangshypothek nicht zu erlangen ist. Dagegen wird der Gläubiger im Arrestverfahren wegen seines nur auf Sicherstellung gerichteten Vollstreckungsanspruchs aus dem Arrestbefehl durch die Eintragung einer Sicherungshypothek befriedigt[25]).

12 Den Versuch einer Pfändung von Forderungen zu machen ist der Gläubiger in der Regel nicht verpflichtet[26]) und vor Leistung des Eides oft auch gar nicht in der Lage. Hat er aber tatsächlich Forderungen des Schuldners gepfändet oder hat er zuverlässige Kenntnis von pfändbaren Forderungen des Schuldners, so muß er dartun, daß er daraus nicht vollständige Befriedigung finden könne[27]). Wenn der Schuldtitel auf sofortige Leistung gerichtet ist, so gehört zur vollständigen Befriedigung des Gläubigers aus diesem Schuldtitel auch, daß sie sofort erfolgt[28]). Das ist nicht der Fall, wenn der Drittschuldner die Zahlung ablehnt. Der Gläubiger braucht ihn also nicht erst zu verklagen.

Eine fruchtlose Pfändung von Forderungen reicht aber allein

---

[23]) LG. I Berlin Goldmann 123.

[24]) Lubowski 15; LG. I Berlin Goldmann 120; Stein-Jonas § 807 II 4.

[25]) A. M. LG. München JW. 27, 2946.

[26]) Stein-Jonas § 807 N. 16.

[27]) OLG. Dresden SeuffArch. 58, 292; OLG. Jena Rspr. 14, 169 u. SeuffArch. 62, 83.

[28]) Berthold DJZ. 14, 168; OLG. Jena Rspr. 18, 415 u. SächsArchRpfl. 27, 59; Förster-Kann § 807 Anm. 3 b; Schwalm 11.

nicht aus, um die Eidespflicht zu begründen, da das Vorhandensein beweglicher Sachen bei jedem Schuldner zu vermuten ist.

13 Es muß sich um eine Pfändung in das Vermögen des Schuldners handeln. Gegen einen neben dem Schuldner haftenden Dritten braucht der Gläubiger nicht vorzugehen, die Fruchtlosigkeit der Pfändung in das Vermögen eines solchen berechtigt ihn aber auch nicht, den Offenbarungseid von dem Schuldner zu verlangen, bei dem eine Zwangsvollstreckung nicht erfolglos scheint [29]).

14 Sind die Voraussetzungen für die Verpflichtung zur Eidesleistung erfüllt, die durch Vereinbarung der Parteien nicht vermindert werden können [30]), so hat der Schuldner ein Verzeichnis seines Vermögens vorzulegen, betreffs der Forderungen Grund und Beweismittel zu bezeichnen und den im Gesetz bestimmten Eid zu leisten. Diese Verpflichtungen bilden ein untrennbares Ganzes, der Schuldner kann also ebensowenig nach Vorlegung eines offensichtlich vollständigen Vermögensverzeichnisses die Leistung des Eides verweigern, wie der Gläubiger berechtigt ist, von vornherein nur die Vorlegung des Vermögensverzeichnisses ohne Leistung des Eides zu verlangen.

15 Das Vermögensverzeichnis muß alle zum aktiven Vermögen des Schuldners gehörigen Gegenstände enthalten, also außer den beweglichen Sachen des Schuldners einschließlich derjenigen, an denen er kein Eigentum, aber Eigenbesitz hat [31]), auch das unbewegliche Vermögen und alle Vermögensrechte. Dazu gehören Forderungen, auch soweit sie schon, wenn auch nur bedingt, entstanden, aber noch nicht fällig sind [32]), im Gegensatz zu den bloßen Anwartschaften auf die Entstehung einer Forderung, dingliche Rechte [33]), auch solche am eigenen Grundstück [34]), Rechte

---

[29]) KG. Rspr. 27, 191; LG. I Berlin KGBl. 11, 95; Stein-Jonas § 807 N. 10.

[30]) Förster-Kann Vorbem. 11a vor § 704.

[31]) Jordan LeipzZ. 26, 276.

[32]) RG. HöchstRRspr. 28 Nr. 1765.

[33]) Aber nicht solche, die, obwohl für den Schuldner eingetragen, nicht zur Entstehung gelangt sind, RG. Recht 26 Nr. 950.

[34]) RGSt. 45, 429; RG. Recht 28 Nr. 1425.

aus Inhaberpapieren, Anteile am Vermögen einer Gesellschaft, auch wenn diese überschuldet ist. Vermögensrechte sind dagegen nicht das Namensrecht, das Recht an einer Firma, Urheberrechte als solche im Gegensatz zum Ergebnis ihrer Verwertung, Familienrechte, insbesondere das ehemännliche oder elterliche Nutzungsrecht [35]), Mitgliedsrechte an Vereinen ohne Vermögen, auch nicht nur tatsächliche Erwerbsmöglichkeiten, wie die Kundschaft eines Erwerbstätigen [36]) oder das Agenturverhältnis, aus dem zur Zeit keine Provisionsansprüche bestehen, oder persönliche Befugnisse aus einer Konzession, Approbation u. dgl.

16 Unerheblich ist, ob die anzugebenden Vermögensbestandteile auf Grund des Schuldtitels gepfändet werden können, insbesondere ob sie überhaupt pfändbar sind [37]). Auch wer nur mit einem Teil seines Vermögens haftet, hat daher sein ganzes Vermögen anzugeben [38]). Sonst müßte man auch die allgemein anerkannte Notwendigkeit der Angabe unpfändbarer Gegenstände (vgl. besonders §§ 811 u. 850) verneinen. Ist die Schuldnerin eine Ehefrau im gesetzlichen Güterstande, so hat sie ihr gesamtes Vermögen einschließlich des eingebrachten Gutes anzugeben, auch wenn der Ehemann nicht zur Duldung der Zwangsvollstreckung verurteilt ist. Ebenso hat der beschränkt haftende Erbe auch sein Eigenvermögen anzugeben [39]).

17 Grundsätzlich ist auch der Wert der einzelnen Vermögensstücke unerheblich für die Pflicht zu ihrer Angabe; doch ist nach dem Zweck des Verfahrens die Anführung offensichtlich völlig wertloser Gegenstände und auch solcher uneinbringlicher Forderungen,

---

[35]) Burghart JurRdsch. 05, 296; RG. Recht 28 Nr. 950. A. M. Hein 565; Schumann 49; KG. Rspr. 11, 190; OLG. München Rspr. 20, 372; Baumbach § 807 Anm. 6; Förster-Kann § 807 Anm. 6 c; Stein-Jonas § 807 III 1.

[36]) RGSt. 42, 424; OLG. München Rspr. 29, 261; Stein-Jonas § 807 N. 26 a. A. M. Baumbach § 807 Anm. 6; Schumann 53 (anders 54 u. 55).

[37]) So die h. M., vgl. Stein-Jonas § 807 N. 32.

[38]) RG. Recht 27 Nr. 2062; OLG. Hamburg HöchstRRspr. 29, 1069. A. M. Stein-Jonas § 807 II 3.

[39]) Vgl. oben Anm. 8.

die nach den Gepflogenheiten des Handelsverkehrs als wertlos abgeschrieben sind, nicht erforderlich [40]). Die bloße Unsicherheit des Einganges einer Forderung dagegen berechtigt den Schuldner nicht zu ihrer Weglassung [41]).

18 Die Pflicht zur Angabe der Außenstände wird auch durch das Berufsgeheimnis des Schuldners, z. B. bei Ärzten und Anwälten, nicht ausgeschlossen [42]), soweit nicht etwa, wie bei Staatsgeheimnissen, eine unbedingte gesetzliche Pflicht zur Geheimhaltung besteht.

19 Die Angabe der Schulden ist nicht erforderlich, da die Schulden keinen Teil des Vermögens bilden; macht der Schuldner trotzdem Angaben hierüber, so werden diese von dem Eid nach dessen Wortlaut nicht umfaßt.

20 Zur Angabe fremden Vermögens mit Ausnahme des Gesamtguts in den Fällen der §§ 740, 741 ist der Schuldner nicht verpflichtet; wer aber den Eid nicht für sich selbst, sondern nur als gesetzlicher Vertreter eines anderen leistet, ebenso auch als Partei kraft Amtes, hat nur das Vermögen des von ihm vertretenen Schuldners anzugeben.

21 Gegenstände, die dem Schuldner zur Sicherheit übereignet sind, gehören zu seinem Vermögen und sind mit aufzuführen [43]), da die Sicherungsübereignung eine vollwirksame Übertragung des Eigentums ist; ebenso Gegenstände, die der Schuldner als Kommissionär oder stiller Stellvertreter im eigenen Namen für fremde Rechnung erworben hat, wenn er sie noch nicht weiter übereignet hat [44]). Noch unter Eigentumsvorbehalt stehende Gegenstände sind nicht unmittelbar anzugeben, wohl aber die Ansprüche aus dem zugrunde liegenden Vertrage [45]).

---

[40]) RGSt. 45, 433 u. 60, 69; RG. LeipzZ. 27, 1347; Stein-Jonas § 807 N. 30. A. M. Förster-Kann § 807 Anm. 6 b.

[41]) RG. Recht 26 Nr. 319.

[42]) Fraeb Rechtsgang III, 202; LG. Gießen HessRspr. 10, 165; Baumbach § 807 Anm. 6; Stein-Jonas § 807 N. 36 a; Olshausen Komm. z. StGB. § 300 Anm. 9 h. A. M. Schubart DJZ. 14, 822; Förster-Kann § 807 Anm. 4 c u. 6 d.

[43]) Förster-Kann § 807 Anm. 6 b.

[44]) OLG. Rostock Rspr. 25, 174; Stein-Jonas § 807 N. 26.

[45]) Vgl. Kupfer BayZ. 28, 21.

22 Maßgebend ist der Vermögensstand zur Zeit der Eidesleistung. Was in diesem Augenblick nicht mehr zum Vermögen des Schuldners gehört, braucht nicht angegeben zu werden, auch wenn die Veräußerung in anfechtbarer Weise erfolgt ist [46]). Voraussetzung dafür ist allerdings, daß die Veräußerung wirklich ernst gemeint war und nicht nur im Einverständnis mit dem anderen Teil zum Scheine erfolgt ist [47]). Ist ein Gegenstand vom Schuldner nur zur Sicherheit übereignet, so ist er zwar selbst nicht als Vermögensstück anzugeben, wohl aber der bedingte Anspruch auf seine Rückübereignung nach Tilgung der gesicherten Forderung [48]).

23 Aus dem Zweck des Offenbarungseides ergibt sich ferner, daß der Schuldner hinsichtlich der Gegenstände, die er nicht selbst im Gewahrsam hat, genau angeben muß, wo sie sich befinden [49]).

24 Das Vermögensverzeichnis ist stets erforderlich, auch wenn es auf „nichts" lautet. In diesem Falle wird der Richter vor Abnahme des Eides fragen müssen (§ 139), wieso der Schuldner überhaupt nichts besitzt [50]). Das Vermögensverzeichnis ist vom Schuldner vorzulegen, der Richter braucht also nicht die Angaben des Schuldners über sein Vermögen zu Protokoll zu nehmen [51]) Doch wird sich oft die Unterstützung ungewandter Schuldner durch die Geschäftsstelle empfehlen.

25 Betreffs der Forderungen, zu deren Angabe eine möglichst genaue Bezeichnung des Drittschuldners und seiner Anschrift gehört, hat der Schwurpflichtige ferner den Grund und die Beweis-

---

[46]) OLG. München Rspr. 19, 5; Stein-Jonas § 807 N. 29. A. M. Cahn BayZ. 11, 59; Wassertrüdinger BayZ. 28, 205.

[47]) RG. Recht 27 Nr. 1045.

[48]) So mit Recht Jaeger JZP. 54, 115 gegen LG. II Berlin u. Fraeb ebenda.

[49]) RGZ. 62, 351; Francke 24; Förster-Kann § 807 Anm. 6 c; Stein-Jonas § 807 N. 33; Schwalm 12. A. M. Voß JZP. 46, 210; LG. III Berlin KGBl. 11, 6.

[50]) Stein-Jonas § 807 N. 34. Vgl. Herms Recht 12, 377 u. 634; Hörle Recht 12, 521; Kühl DJZ. 12, 280; Krech Gruch. 26, 226; OLG. Köln LeipzZ. 23, 67.

[51]) LG. Bromberg PosMSchr. 02, 180; Förster-Kann § 807 Anm. 6 a.

mittel zu bezeichnen. Damit sollen dem Gläubiger Handhaben für die etwaige Pfändung der Forderungen gegeben werden. Die Angaben hierüber werden allerdings durch die Eidesnorm nicht gedeckt, so daß sich der Schuldner durch unwahre oder unvollständige Angaben über Grund- und Beweismittel seiner Forderungen nicht strafbar macht [52]). Doch darf der Eid nicht abgenommen werden, wenn der Schuldner betreffs seiner Forderungen weder Grund und Beweismittel bezeichnet noch erklärt, warum er dazu nicht in der Lage ist [53]). Wird der Eid trotzdem abgenommen, so ist dieses Verfahren ordnungswidrig und daher anfechtbar [54]), kann aber gleichwohl eine Grundlage für eine etwaige Bestrafung des Schuldners wegen Verletzung der Eidespflicht bilden.

26 Der Eid selbst geht dahin, daß der Schuldner nach bestem Wissen sein Vermögen so vollständig angegeben habe, als er dazu imstande sei. Die Möglichkeit einer Änderung der Eidesnorm ist hier im Gegensatz zu § 883 nicht vorgesehen. Eine Änderung der Fassung des Eides ist dadurch nicht ausgeschlossen, wenn der Schwurpflichtige nicht persönlich der Schuldner ist; doch darf der Inhalt des Eides, daß nämlich der Schwurpflichtige das Vermögen des Schuldners so vollständig wie möglich angegeben habe, nicht geändert werden. Es ist daher unstatthaft, den Eid nur hinsichtlich eines Teiles des Schuldnervermögens abzunehmen [55]).

27 Nur die vollständige, nicht aber die richtige Angabe des Vermögens ist zu beschwören. Die fälschliche Angabe von Gegenständen, die dem Schuldner nicht gehören, ist daher ebenso unschädlich wie die Angabe nicht bestehender Schulden [56]). Da zum Vermögen nicht Grund und Beweismittel für die Forderungen

---

[52]) Bei der Eidesnorm vor 1900, daß der Schuldner „wissentlich nichts verschwiegen habe", konnte das mindestens zweifelhaft sein, vgl. Francke 26. Wie hier (für den Eid nach § 125 KO.) RG. Recht 28 Nr. 166. A. M. RG. HöchstRRspr. 29 Nr. 972 u. (für den Eid nach § 61 Abs. 3 VerglO.) Schumann 20. Vgl. Schwalm 17.

[53]) RGZ. 62, 352; OLG. Frankfurt JurRdsch. 26 Nr. 742; Stein-Jonas § 807 III 2.

[54]) Vgl. § 903 Anm. 5.

[55]) Vgl. oben Anm. 16.

[56]) RG. DJZ. 28, 878 u. Recht 28 Nr. 2182.

gehören, erstreckt sich der Eid auch nicht auf die Angaben hierüber. Eine Auslegung der Bedeutung der Eidesnorm über ihren klaren Wortlaut hinaus ist nicht zulässig [57]).

28 In der jetzigen Fassung des Eides seit der Novelle von 1898 hat der Schuldner nicht die objektive Vollständigkeit seiner Angaben zu beschwören, sondern nur sein Unvermögen zu vollständigerer Angabe. Der Eid ist darum noch kein falscher, wenn die Unvollständigkeit des Verzeichnisses nachgewiesen wird, ohne daß den Schuldner hieran ein Verschulden trifft. Andrerseits hat die Bestimmung nicht den Zweck, den Schuldner von der Pflicht zur Anstellung von Erkundigungen über den Umfang seines Vermögens zu befreien, denn er ist zur vollständigeren Angabe seines Vermögens imstande, wenn er durch Nachforschungen die Unvollständigkeit seiner Angaben feststellen kann. Er darf sich daher, selbst wenn er das Verzeichnis erst nach der Verhaftung anfertigt, nicht auf die Angabe der Gegenstände beschränken, die ihm gerade einfallen, wenn er mit der Möglichkeit rechnen muß, daß diese nicht sein ganzes Vermögen darstellen; er muß sich vielmehr nötigenfalls durch den Gerichtsvollzieher nach seiner Wohnung führen lassen, wenn er sonst sein Vermögen nicht vollständig angeben kann [58]). Ist er im Zweifel, ob ein Gegenstand in das Vermögensverzeichnis aufzunehmen ist, so muß er sich darüber erkundigen, wozu er vor der Eidesleistung bei dem Vollstreckungsrichter stets Gelegenheit hat [59]); ist der Zweifel nicht zu lösen, so ist der betreffende Gegenstand mit anzugeben, da ja die Anführung nicht ins Verzeichnis gehöriger Gegenstände unschädlich ist, die Weglassung aber möglicherweise das Verzeichnis unrichtig machen würde [60]).

29 Nach der Fassung der Eidesnorm setzt die Leistung des Eides voraus, daß der Schuldner vorher sein Vermögen angegeben hat. Der Eid darf deshalb nur abgenommen werden, wenn der Schuldner ein Vermögensverzeichnis vorgelegt hat, das wenigstens äußerlich den Erfordernissen des § 807 entspricht, also nicht offen-

[57]) Ebenso für den Eid nach § 61 Abs. 3 VerglO. Mayer, Komm. z. VerglO. § 61 Anm. 6. A. M. RG. HöchstRRspr. 29 Nr. 972.

[58]) RG. SeuffBl. 03, 542 u. DJZ. 26, 1039.

[59]) RG. DJZ. 25, 1336 u. Recht 27 Nr. 2062.

[60]) RG. Recht 27 Nr. 1046.

sichtlich unvollständig ist insbesondere hinsichtlich der Angaben über Grund und Beweismittel für die Forderungen. Erklärt der Schuldner bei der Eidesleistung, daß er sein Vermögen noch nicht vollständig angegeben habe, daß er vielmehr noch zu weiteren Angaben, besonders über seine Außenstände, in der Lage sei und das Verzeichnis nachträglich noch in dieser Richtung ergänzen wolle, so steht diese Erklärung mit einer trotzdem etwa erfolgten Eidesleistung in unlösbarem Widerspruch. Die Leistung des Eides in diesem Falle ist also absolut unwirksam [61]), sie ist nicht geeignet, die an die Eidesleistung geknüpften prozessualen Wirkungen hervorzurufen [62]) oder eine Grundlage für eine Bestrafung des Schuldners abzugeben. Das gleiche gilt, wenn der Schuldner bei der Eidesleistung ausdrücklich einen Vorbehalt macht, da eine Eidesleistung unter Vorbehalt unzulässig ist. Die Erklärung, etwa Vergessenes noch angeben zu wollen, stellt sich jedoch nicht als Vorbehalt in diesem Sinne dar [63]). Erklärt der Schwurpflichtige, daß das Verzeichnis zwar nicht vollständig sei, daß er es aber nicht weiter vervollständigen könne, so ist ihm der Eid abzunehmen [64]). Die Eidesleistung ist in diesem Falle voll wirksam, befreit also nach § 903 von der Eidespflicht.

§ 883.

Hat der Schuldner eine bewegliche Sache oder von bestimmten beweglichen Sachen eine Quantität herauszugeben, so sind dieselben von dem Gerichtsvollzieher ihm wegzunehmen und dem Gläubiger zu übergeben.

Wird die herauszugebende Sache nicht vorgefunden, so ist der Schuldner verpflichtet, auf Antrag des Gläubigers den Offenbarungseid dahin zu leisten:

---

[61]) Vgl. Stein-Jonas Vorbem. vor § 128 N. 87.

[62]) Vgl. § 903 Anm. 5.

[63]) A. M. LG. Breslau JW. 29, 3034. Vgl. Schwalm 69.

[64]) OLG. Frankfurt JurRdsch. Spruchbeil. 26 Nr. 742 läßt allerdings die Wirksamkeit für § 903 offen.

daß er die Sache nicht besitze, auch nicht wisse, wo die Sache sich befinde.

Das Gericht kann eine der Lage der Sache entsprechende Änderung der vorstehenden Eidesnorm beschließen.

Übersicht der Anmerkungen:

A. Vollstreckung des Herausgabeanspruchs, Anm. 1.
B. Voraussetzungen der Eidespflicht, Anm. 2—5.
C. Inhalt des Eides, Anm. 6 u. 7.
D. Wirkung der Eidesleistung, Anm. 8.

1 Nach dem für das Offenbarungseidsverfahren an sich belanglosen ersten Absatz der Bestimmung wird die Verpflichtung zur Herausgabe von beweglichen Sachen dadurch vollstreckt, daß der Gerichtsvollzieher die Sachen dem Schuldner wegnimmt. Der Gerichtsvollzieher hat dabei nach §§ 757 ff. zu verfahren. Diese Bestimmung, nicht aber die übrigen Absätze des § 883 über den Offenbarungseid gelten nach § 884 auch, wenn eine bestimmte Quantität vertretbarer Sachen oder Wertpapiere herauszugeben sind.

2 Die Absätze 2 und 3 dagegen über die Verpflichtung zur Leistung des Offenbarungseides beziehen sich nur auf den Fall, daß der Schuldner eine bewegliche Sache oder von bestimmten beweglichen Sachen eine Quantität herauszugeben hat. Ob die Herausgabe nach dem Schuldtitel an den Gläubiger, den Gerichtsvollzieher, einen Sequester oder einen Dritten zu erfolgen hat, ist gleichgültig, wenn auch das Gesetz nach Abs. 1 an sich nur die Herausgabe an den Gläubiger im Auge hat [1]). Obwohl die Bestimmung nur von der Herausgabe von Sachen spricht, wozu auch Urkunden gehören, so ist sie doch, wie nahezu allgemein anerkannt ist, auf eine Verpflichtung zur Herausgabe von Personen entsprechend anwendbar [2]). Der Schuldtitel muß die herauszugeben-

---

[1]) Stein-Jonas § 883 I 1; Förster-Kann § 883 Anm. 1 b.
[2]) Vgl. Stein-Jonas § 883 III.

den Sachen genau bezeichnen, da sonst eine Vollstreckung daraus nicht möglich ist [3]).

3 Als Schuldtitel, aus denen die Leistung dieses Eides gefordert werden kann, kommen neben Urteilen und Vergleichen hauptsächlich einstweilige Verfügungen in Betracht, bei denen es zur Wahrung der Frist des § 929 Abs. 2 genügt, wenn innerhalb dieser Frist die Zustellung an den Schuldner erfolgt ist [4]). Ferner kann die Leistung dieses Eides gefordert werden auf Grund eines Pfändungsbeschlusses nach § 830 [5]), eines Überweisungsbeschlusses nach § 836 [6]) und auf Grund eines auf Einziehung lautenden Strafurteils [7]). Ist die Schuldnerin eine Ehefrau im gesetzlichen Güterstande, so ist ein Duldungsurteil gegen den Ehemann grundsätzlich auch hier nicht nötig [8]), wenn nicht sein Fehlen das Rechtsschutzbedürfnis des Gläubigers ausschließt [9]). Andrerseits ist der Ehemann auf Grund des Duldungsurteils hier so wenig wie im Falle des § 807 zur Leistung des Offenbarungseides verpflichtet [10]). Er ist zwar Schuldner der Zwangsvollstreckung, aber nicht Schuldner des Herausgabeanspruchs, und nur von diesem spricht § 883 („Hat der Schuldner ... herauszugeben ...").

4 Eine Verpflichtung zur Herausgabe liegt nur vor, wenn derjenige, an den die Herausgabe zu erfolgen hat, an Stelle des Schuldners unmittelbarer Besitzer der herauszugebenden Sache werden soll. Daß mit dem Besitz auch das Eigentum übergeht oder daß der Besitzwechsel ein dauernder sein soll, ist nicht erforderlich. Die bloße Verpflichtung zur Vorlegung einer Sache (§§ 809,

---

[3]) LG. I Berlin Goldmann 329 u. 333; Stein-Jonas Vorbem. II 3a vor § 704.

[4]) Schwalm 19. A. M. LG. Dessau SächsArchRpfl. 24, 111; OLG. Stuttgart Rspr. 39, 88 N. 2.

[5]) OLG. Celle Rspr. 13, 225.

[6]) LG. Köln DJZ. 00, 532; Stein-Jonas § 883 IV; Schwalm 19.

[7]) RG. Rspr. 17, 345.

[8]) Vgl. III. Kap. 15. Abschn. N. 5.

[9]) Vgl. II. Kap. N. 15.

[10]) Vgl. § 807 Anm. 5 u. 6. A. M. Stein-Jonas § 883 N. 25.

810 BGB.) ist jedoch keine Verpflichtung zur Herausgabe; sie ist nach § 888 zu vollstrecken [11]).

5 Für die Verpflichtung zur Leistung des Eides ist Voraussetzung, daß die herauszugebende Sache oder Person beim Schuldner nicht vorgefunden wurde. Dem Verlangen auf Abnahme des Offenbarungseides muß also in diesem Falle stets ein Versuch der Vollstreckung vorausgehen, und durch die Glaubhaftmachung, daß die Vollstreckung erfolglos bleiben werde, kann dieser Versuch nicht ersetzt werden. Eine Zwangsvollstreckung, die wegen Verstoßes gegen eine wesentliche Formvorschrift unwirksam ist (vgl. §§ 750—752, 756, 761), genügt nicht.

6 Liegen die Voraussetzungen für die Verpflichtung zur Eidesleistung vor, so hat der Schuldner zu schwören, daß er die Sache nicht besitze, auch nicht wisse, wo sie sich befinde. Daß er sie nicht abhanden gebracht habe, ist hier im Gegensatz zu § 426 nicht in die Eidesnorm aufgenommen, damit der Schuldner nicht gezwungen ist, sich selbst zur Erfüllung seiner Eidespflicht einer nach § 288 StGB. strafbaren Handlung zu bezichtigen. Die verschiedene Behandlung ist innerlich gerechtfertigt, weil im Gegensatz zu dem Offenbarungseid nach § 883 der Eid nach § 426 mit der Verneinung des Abhandenbringens niemals erzwungen werden kann. Diese Erklärung kann deshalb auch nicht nach § 883 Abs. 3 in die Eidesnorm eingefügt werden [12]), wonach das Gericht nach Lage der Sache eine entsprechende Änderung der Eidesnorm beschließen kann. Eine solche Änderung ist aber dann erforderlich, wenn der Schuldner Kenntnis von dem Verbleib der Sache hat, und angebracht, wenn ihm nach Lage der Sache der Eid nicht in der Wahrheitsform zugemutet werden kann [13]) oder wenn er, ohne den gegenwärtigen Aufenthalt der Sache zu kennen, über deren Verbleib Angaben machen kann,

---

[11]) So jetzt auch Staudinger Komm. z. BGB. § 809 V c u. Planck Komm. z. BGB. § 809 Anm. 5; RGRKomm. z. BGB. § 811 Anm. 1; Stein-Jonas § 883 N. 3. A. M. Warneyer Komm. z. BGB. § 809 N. 20; Seuffert § 883 N. 1; Förster-Kann § 883 Anm. 1 b; Keil ZZP. 45, 117.

[12]) OLG. Hamburg Rspr. 13, 216; Schwalm 21; Förster-Kann § 883 Anm. 2; Stein-Jonas § 883 N. 27.

[13]) Stein-Jonas § 883 N. 26; Förster-Kann § 883 Anm. 2.

die dem Gläubiger die Ermittlung ermöglichen können. Zu solchen Angaben ist der Schuldner verpflichtet, wenn er nicht einen Falscheid leisten will, dagegen braucht er nicht selbst Nachforschungen darüber anzustellen, wo sich die Sache befindet, wenn ihm das nicht bekannt ist[14]).

7 Voraussetzung für den Beschluß nach Abs. 3 ist, daß sich aus den Erklärungen des Schuldners im Termin ein Anlaß zur Änderung der Eidesnorm ergibt. Der Beschluß kann also nur auf Grund mündlicher Verhandlung ergehen, ist zu verkünden und nicht anfechtbar, da weder die einfache Beschwerde nach § 567 noch die sofortige Beschwerde nach § 793 zulässig ist.

8 Nach der Leistung des Eides kann der Gläubiger auf das Interesse nach § 893 übergehen. Er braucht das aber nicht zu tun, und wenn er es nicht tut, so bleibt es ihm unbenommen, trotz der Eidesleistung aus dem Schuldtitel erneut die Zwangsvollstreckung zu betreiben, wenn der Schuldner später in den Besitz der herauszugebenden Sache gelangt. Er kann auch, und zwar ohne daß es einer nochmaligen Vollstreckung bedürfte, erneut die Leistung des Eides fordern, wenn er ein nachweisliches Rechtsschutzbedürfnis danach hat, z. B. beweisen kann, daß der Schuldner nach der früheren Eidesleistung Kenntnis davon erhalten hat, wo sich die Sache befindet[15]). Mangels eines Rechtsschutzbedürfnisses aber kann er den Eid überhaupt nicht fordern, wenn er schon vor Beginn des Verfahrens genaue Kenntnis davon hat, wo sich die Sache befindet[16]). Erklärt der Schuldner dies dem Gläubiger erst im Laufe des Verfahrens, so kann er sich dadurch jedoch von der Pflicht zur Eidesleistung nicht befreien.

---

[14]) RG. Recht 25 Nr. 1500; OLG. Dresden SächsArchRpfl. 25, 51; Stein-Jonas § 883 N. 27 a.

[15]) Stein-Jonas § 883 N. 30 will nach § 903 Glaubhaftmachung genügen lassen. § 903 ist aber auf den hier behandelten Offenbarungseid überhaupt nicht anwendbar. A. M. allerdings auch Förster-Kann § 883 Anm. 2 u. Schwalm 81 ff.

[16]) Förster-Kann § 883 Anm. 2; Schwalm 20; vgl. RG Rspr. 23, 221 N. 1.

§ 899.

Für die Abnahme des Offenbarungseids in den Fällen der §§ 807, 883 ist das Amtsgericht, in dessen Bezirke der Schuldner im Deutschen Reiche seinen Wohnsitz oder in Ermangelung eines solchen seinen Aufenthaltsort hat, als Vollstreckungsgericht zuständig.

1 Zuständig, und zwar gemäß § 802 ausschließlich, ist also das Amtsgericht als Vollstreckungsgericht. Die Verhandlung vor ihm ist daher nicht öffentlich, da das Vollstreckungsgericht nicht erkennendes Gericht ist (§ 169 GVG.)[1]. Da das Verfahren zur Zwangsvollstreckung gehört, sind die Gerichtsferien darauf ohne Einfluß (§ 202 GVG.).

2 Hinsichtlich der örtlichen Zuständigkeit hat die Bestimmung nur den Fall im Auge, daß der Schuldner eine natürliche Person ist. Für sie ist das Gericht ihres Wohnsitzes im Deutschen Reiche und in Ermangelung eines solchen, also auch dann, wenn sie einen Wohnsitz im Auslande hat, das Gericht ihres Aufenthaltsorts im Deutschen Reiche zuständig. Wo jemand seinen Wohnsitz hat, ist nach §§ 7—11 BGB. zu entscheiden. Hat eine Person im Inlande weder Wohnsitz noch Aufenthalt, so ist ein inländischer Gerichtsstand für das Verfahren nicht begründet, auch dann nicht, wenn etwa der gesetzliche Vertreter des Schuldners in Deutschland sich aufhält. Der Gerichtsstand für das Offenbarungseidsverfahren deckt sich im wesentlichen mit dem allgemeinen Gerichtsstand des Schuldners mit der Abweichung, daß der Aufenthalt schon beim Fehlen eines inländischen Wohnsitzes maßgebend ist und der letzte Wohnsitz nicht in Betracht kommt[2]. Für die Schuldner, die nicht natürliche Personen sind, muß deshalb das Gericht als zuständig angesehen werden, wo diese nach § 17 ihren allgemeinen Gerichts-

---

[1]) Schönfeld 23; Neumann DJZ. 07, 690; Hein DJZ. 14, 370; Stein-Jonas § 900 IV; Förster-Kann § 900 Anm. 6a. A. M. Kraus SeuffBl. 71, 371, der die Entscheidung über die Öffentlichkeit ins Ermessen des Gerichts stellen will.

[2]) KG. LeipzZ. 17, 1199; Stein-Jonas § 899 N. 6; Förster-Kann § 899 Anm. 1.

stand haben[3]). Ein Aufenthaltsort kommt bei ihnen begrifflich nicht in Frage, und der Wohnsitz oder Aufenthalt ihres gesetzlichen Vertreters ist unerheblich, ebenso wie der Wohnort des gesetzlichen Vertreters einer natürlichen Person[4]). Auch für die Parteien kraft Amtes kommt nach § 17 nicht der Wohnsitz, sondern der Sitz der von ihnen geführten Verwaltung in Betracht.

3 Die Voraussetzungen der Zuständigkeit hat der Gläubiger nachzuweisen, soweit sie nicht aus der im Schuldtitel angegebenen Anschrift des Schuldners ersichtlich sind. Den Gläubiger trifft insbesondere die Beweislast, wenn der Schuldner behauptet, er habe nach Erlaß des Urteils seinen Wohnsitz verlegt[5]).

4 Die Zuständigkeit muß bei Beginn des Verfahrens begründet sein, also nach § 900 Abs. 1 bei Einreichung des Antrages[6]). Sie geht durch spätere Veränderung der Umstände nicht verloren[7]), kann aber nachträglich begründet werden, solange der Antrag nicht zurückgewiesen ist[8]).

5 Die Wiederholung der Eidesleistung nach § 807 erfolgt, wenn die frühere Eidesleistung unwirksam war, in demselben Verfahren, falls derselbe Gläubiger wegen desselben Anspruches den Eid erneut fordert. Es ist daher hierfür dasselbe Gericht zuständig, auch wenn der Schuldner inzwischen seinen Wohnsitz geändert hat[9]).

6 Das zuständige Gericht kann ein anderes um die Abnahme

---

[3]) KG. Rspr. 29, 259; OLG. Dresden SächsOLG. 24, 78; Förster-Kann § 899 Anm. 1.

[4]) Bondi ZZP. 32, 233; Francke 12; Schwalm 26; KG. DJZ. 11, 821; OLG. Posen Rspr. 25, 176; LG. I Berlin Goldmann 342.

[5]) Falkmann 967. A. M. LG. I Berlin Goldmann 341.

[6]) Crasemann DJZ. 11, 253; Schwalm 26; Stein-Jonas § 899 N. 1; Förster-Kann § 899 Anm. 2. A. M. LG. I Berlin Goldmann 341 (Zeit der Ladung, bis 1909 zutreffend).

[7]) Francke 10; OLG. Dresden SächsOLG. 20, 184; Förster-Kann § 899 Anm. 2; Stein-Jonas § 899 N. 2.

[8]) Vgl. III. Kap. 4. Abschn.

[9]) OLG. Breslau Rspr. 29, 260. A. M. Stein-Jonas § 903 II. Vgl. auch § 903 Anm. 6.

des Eides im Wege der Rechtshilfe ersuchen (§ 479 ZPO.) [10]. Das ersuchte Gericht darf aber in diesem Falle nur den Eid abnehmen, es wird jedoch dadurch nicht zum Vollstreckungsgericht und darf deshalb nicht die im Verfahren notwendig werdenden Entscheidungen treffen, auch nicht den Schuldner in das bei ihm geführte Verzeichnis nach § 915 eintragen. Das bleibt vielmehr dem Vollstreckungsgericht überlassen, dem die Akten zurückzugeben sind [11].

Der Beschluß, der die Abnahme des Eides im Wege der Rechtshilfe anordnet, ist unanfechtbar (§ 355 Abs. 2) [12].

§ 900.

Das Verfahren beginnt mit dem Antrag des Gläubigers auf Bestimmung eines Termins zur Leistung des Offenbarungseids. Dem Antrag sind der Vollstreckungstitel und die sonstigen Urkunden, aus denen sich die Verpflichtung des Schuldners zur Leistung des Eides ergibt, beizufügen.

Die Anwesenheit des Gläubigers in dem Termin ist nicht erforderlich.

Bestreitet der Schuldner die Verpflichtung zur Leistung des Eides, so ist von dem Gerichte durch Beschluß über den Widerspruch zu entscheiden. Die Eidesleistung erfolgt erst nach Eintritt der Rechtskraft der Entscheidung; das Vollstreckungsgericht kann jedoch die Eidesleistung vor Eintritt der Rechtskraft anordnen, wenn bereits ein früherer Widerspruch rechtskräftig verworfen ist.

---

[10]) Neumann JW. 12, 118; Queck 37; Schwalm 27; Stein-Jonas § 900 III 3; Förster-Kann § 899 Anm. 3. A. M. Crasemann DJZ. 11, 1549. Vgl. HansGZ. 34, 42.

[11]) Stein-Jonas § 900 III 3; Fraeb Judicium 30, 174.

[12]) Förster-Kann § 900 Anm. 5. A. M. Baumbach § 900 Anm. 3 B, der Erinnerung zulassen will.

Übersicht der Anmerkungen:

A. Die Einleitung des Verfahrens.
   I. Die Voraussetzungen und ihre Prüfung, Anm. 1—5.
   II. Der Antrag des Gläubigers, Anm. 6—11.

B. Terminsbestimmung und Ladung, Anm. 12—14.

C. Der Termin.
   I. Allgemeines, Anm. 15 u. 16.
   II. Bereitwilligkeit des Schuldners zur Eidesleistung, Anm. 17—20.
   III. Widerspruch des Schuldners gegen die Eidespflicht, Anm. 21—32.

1 Das Verfahren beginnt seit der Novelle von 1909 nicht mehr mit der Ladung des Schuldners, sondern mit dem Antrag des Gläubigers auf Bestimmung eines Termins zur Leistung des Eides [1]). In diesem Zeitpunkt müssen also die allgemeinen Voraussetzungen für den Beginn der Zwangsvollstreckung vorliegen.

2 Das Gericht hat vor der Bestimmung des Termins, die schon eine Vollstreckungshandlung darstellt, die allgemeinen Prozeßvoraussetzungen (Zulässigkeit des Rechtswegs, Zuständigkeit, Parteifähigkeit, Prozeßfähigkeit und gesetzliche Vertretung), die Voraussetzungen für den Beginn der Zwangsvollstreckung und die besonderen für die Abnahme des Offenbarungseids nachzuprüfen [2]).

---

[1]) Daher kommt es, wenn man die Einleitung des Verfahrens zur Wahrung der Arrestvollziehungsfrist genügen lassen will (vgl. § 807 N. 6, OLG. Dresden JW. 25, 816 u. OLG. Jena Rspr. 39, 88), auf den Zeitpunkt des Antrages, nicht der Ladung an. So auch OLG. Düsseldorf JW. 22, 510; OLG. Jena SeuffArch. 74, 202; KG. JW. 30, 1085; LG. Köln JW. 28, 1164; LG. Magdeburg JW. 20, 987; Schumann 44. A. M. OLG. Celle JW. 22, 504; OLG. Karlsruhe BadRPr. 27, 6; OLG. Kiel Rspr. 22, 373; LG. Breslau JW. 26, 2118; Oertmann JW. 22, 504; Pfeiffer JW. 30, 1085; Förster-Kann § 807 Anm. 2; Sydow-Busch § 929 Anm. 5. Den Zeitpunkt der Terminsbestimmung hält für entscheidend Prestele BayZ. 27, 227.

[2]) Francke 64 ff.; Schönfeld 15 ff.; Schwalm 31; Förster-Kann § 900 Anm. 4 a; Stein-Jonas § 900 II 1. A. M. Krech Gruch. 26, 242.

Umstände, die nur auf Einwand des Schuldners zu beachten sind, besonders eine frühere Eidesleistung im Falle des § 903[3]), sind jedoch hier nicht zu berücksichtigen, auch wenn sie aus dem Antrag des Gläubigers selbst ersichtlich oder dem Gericht sonst bekannt sind[4]). Doch wird es sich empfehlen, wenn es gerichtskundig ist, daß der Schuldner in den letzten 5 Jahren den Offenbarungseid nach § 807 geleistet hat, davon dem Gläubiger bei Stellung eines neuen dahingehenden Antrages Kenntnis zu geben, damit er den Antrag zurücknehmen oder späteren Vermögenserwerb glaubhaft machen kann, und bis zum Eingang einer Antwort des Gläubigers von der Terminsbestimmung, die unnötige Kosten verursachen könnte, einstweilen abzusehen[5]).

3 Damit das Gericht die notwendige Prüfung vornehmen kann, sind dem Antrage nach Abs. 1 Satz 2 der Vollstreckungstitel und die sonstigen Urkunden, aus denen sich die Verpflichtung des Schuldners zur Leistung des Eides ergibt, beizufügen. Hierzu gehören außer der Urkunde über die Zustellung des Titels selbst — wenn diese nicht nach §§ 929 Abs. 3, 936 entbehrlich ist — die in §§ 750 Abs. 2, 751 Abs. 2 und 765 bezeichneten Urkunden und die Urkunden über ihre Zustellung; doch bedarf es nach § 765 Satz 2 der Zustellung des Protokolls des Gerichtsvollziehers nicht. In diesem Falle ist also die Einreichung einer beglaubigten Abschrift des Protokolls des Gerichtsvollziehers ausreichend, aber auch erforderlich, falls nicht andere Urkunden der in § 765 Satz 1 bezeichneten Art mit Zustellungsnachweis eingereicht werden. Wird die Zwangsvollstreckung wegen eines Anspruchs aus einem Wechsel oder Scheck, einer Anweisung oder einer Inhaberschuldverschreibung betrieben, so sind auch diese Urkunden dem Antrage beizufügen[6]). Die eingereichten Urkunden müssen so lange bei den Gerichtsakten verbleiben, bis die Tätigkeit des Gerichts in dem Verfahren beendet ist. Sie schließt im Falle des § 901 mit der Anordnung der

---

[3]) Vgl. § 903 Anm. 1, 2.

[4]) Fraeb Rechtsgang II 464. A. M. Förster-Kann § 900 Anm. 2.

[5]) Vgl. Crasemann DJZ. 11, 253; Diemayr LeipzZ. 16, 581; Schwalm 31; Förster-Kann § 900 Anm. 4b.

[6]) Stein-Jonas § 726 IV.

Haft, deren Vollzug nach § 909 dem Gerichtsvollzieher übertragen ist. Nach Erlaß des Haftbefehls sind also die überreichten Urkunden dem Gläubiger zurückzugeben. Vor der Eidesleistung oder Haftanordnung aber ist ihre Zurückforderung oder Rückgabe nur zulässig, wenn der Gläubiger den Antrag zurücknimmt, der Antrag zurückgewiesen wird oder das zum Stillstand gekommene Verfahren einstweilen nicht weiterbetrieben wird.

4 Zu den Urkunden, aus denen sich die Verpflichtung des Schuldners zur Leistung ergibt, gehört der Nachweis einer erfolglosen Pfändung, wenn nicht statt dessen der Gläubiger im Falle des § 807 die voraussichtliche Erfolglosigkeit der Pfändung in anderer Weise glaubhaft macht. Der Nachweis der fruchtlosen Pfändung kann nicht nur durch das Protokoll, sondern auch durch eine einfache Bescheinigung des Gerichtsvollziehers geführt werden [7].

5 Fehlt es an einer von Amts wegen zu beachtenden Voraussetzung für die Abnahme des Offenbarungseides, so wird kein Termin bestimmt, sondern der Antrag des Gläubigers durch einen Beschluß, der von Amts wegen zuzustellen ist (§ 329 Abs. 3) [8], gegen den die sofortige Beschwerde stattfindet (§ 793) und in dem zugleich über die Kosten zu entscheiden ist, zurückgewiesen. Ist jedoch anzunehmen, daß der Gläubiger den Mangel ohne weiteres beheben kann, so z. B. durch Nachreichung einer etwa noch fehlenden Urkunde, so ist es nobile officium des Gerichts, dem Gläubiger zunächst notfalls unter Fristsetzung die Abstellung des Mangels anheimzugeben [9]) und erst, wenn der Mangel nicht rechtzeitig behoben wird, die Zurückweisung des Antrages auszusprechen.

6 Da der Zwang zur Leistung des Offenbarungseides nur gegen natürliche Personen möglich ist, müssen in dem Antrage die Personen, die den Eid leisten sollen, mit ihrem bürgerlichen Namen,

---

[7]) Vgl. § 807 Anm. 9—13.

[8]) Zustellung an den Gläubiger genügt, RGZ. 11, 403; Förster-Kann § 900 Anm. 4 a; Stein-Jonas § 900 III 3.

[9]) Einer mit sofortiger Beschwerde anfechtbaren förmlichen Zwischenverfügung — so Francke 67; Schönfeld 15; Förster-Kann § 900 Anm. 4 b — bedarf es jedoch nicht. Hält der Gläubiger seinen Antrag ohne Ergänzung für ausreichend, so kann er alsbaldige Entschließung darauf fordern.

Stand und Wohnung genau bezeichnet werden [10]). Ist eine Firma, Einzelfirma oder Handelsgesellschaft, die Schuldnerin, so sind hier also die Inhaber, von denen der Eid gefordert wird, namentlich zu bezeichnen [11]). Es ist Sache des Gläubigers, sich über die Schwurpflichtigen [12]) zu vergewissern und in Zweifelsfällen zu beweisen, daß es die von ihm bezeichneten Personen sind. Soweit das nicht aus den überreichten Urkunden hervorgeht, kann das Vollstreckungsgericht Beweis von Amts wegen durch Vorlegung eines Handelsregisterauszuges oder in anderer Weise fordern.

7 Sind mehrere Schwurpflichtige vorhanden, so kann sich der Gläubiger darauf beschränken, die Leistung des Eides nur von einem oder einigen zu fordern [13]).

8 Der Antrag kann schriftlich eingereicht oder zum Protokoll der Geschäftsstelle erklärt werden (§ 496 Abs. 2), er unterliegt daher nicht dem Anwaltszwang, auch wenn der dem Verfahren zugrunde liegende Titel im Anwaltsprozeß ergangen ist. Überhaupt besteht im Offenbarungseidsverfahren kein Anwaltszwang außer bei einer etwaigen mündlichen Verhandlung vor dem Beschwerdegericht. Der Mangel einer schriftlichen Prozeßvollmacht ist daher von Amts wegen zu beachten (§ 88 Abs. 2) [14]).

9 Der Antrag ist nur auf Bestimmung eines Termins zur Leistung des Offenbarungseids zu richten. Weitere Angaben braucht er nicht zu enthalten, auch nicht darüber, ob der Eid nach § 807 oder nach § 883 gefordert wird, wenn sich das aus den beigebrachten Unterlagen ergibt. Nur wenn hiernach Zweifel möglich sind, z. B. wenn die Zwangsvollstreckung wegen der Herausgabe einer Sache und wegen der Kosten fruchtlos ausgefallen ist, muß im Antrag angegeben werden, welcher Eid gefordert wird. Die Angabe des Betrages, wegen dessen der Eid gefordert wird, ist stets zweckmäßig, aber nur dann notwendig, wenn er geringer

---

[10]) Förster-Kann § 900 Anm. 3.
[11]) Vgl. Stein-Jonas § 727 IV.
[12]) Siehe III. Kap. 1. Abschn.
[13]) Förster-Kann § 807 Anm. 5.
[14]) Vgl. III. Kap. 2. Abschn.

sein soll als die Gesamtforderung des Gläubigers[15]). Der Antrag kann auch nur wegen eines Teilbetrages gestellt werden, da das Offenbarungseidsverfahren Zwangsvollstreckung ist und der Gläubiger die Vollstreckung stets auch wegen eines Teilbetrages betreiben kann[16]).

10 Der Antrag kann unter der Bedingung gestellt werden, daß der Schuldner in den letzten 5 Jahren nicht nach dem beim Vollstreckungsgericht gemäß § 915 geführten Verzeichnis den Offenbarungseid geleistet hat[17]); denn schon vor der Entscheidung über den Antrag steht fest, ob diese Bedingung erfüllt ist.

11 Der Antrag richtet sich lediglich an das Gericht, seiner Mitteilung an den Schuldner bedarf es deshalb in keinem Falle[18]); sie ist aber zweckmäßig, wenn der Antrag besondere tatsächliche Behauptungen enthält, z. B. hinsichtlich der Glaubhaftmachung nach § 807 oder nach § 903. Notwendig ist jedoch die Mitteilung auch dieser Behauptungen bei der Ladung des Schuldners nicht[19]).

12 Hält das Gericht den Antrag für zulässig, so beraumt es, wenn es nicht ein anderes Gericht um die Abnahme des Eides ersucht, einen Termin zur Leistung des Eides an. Die Terminsbestimmung ist keine Sachentscheidung und deshalb mit der Beschwerde nicht anfechtbar[20]); aber auch die Erinnerung nach § 766 kann dem Schuldner, obwohl die Terminsbestimmung eine Vollstreckungsmaßnahme des Gerichts ist, nicht zugestanden werden, weil zur Geltendmachung von Einwendungen der Termin selbst

---

[15]) Stein-Jonas § 900 N. 21. A. M. OLG. Dresden ZZP. 29, 240; Hever HansGZ. 21, 65; Schumann 75.

[16]) Vgl. III. Kap. 6. Abschn. N. 7.

[17]) AnwBl. 26, 275; Schumann 35.

[18]) LG. Breslau JW. 10, 932; LG. Güstrow JW. 10, 597; LG. Hamburg HansGZ. 28 B 640; Schwalm 33; Förster-Kann § 900 Anm. 5; Stein-Jonas § 900 N. 32. A. M. LG. Altona JW. 10, 923; LG. I Berlin KGBl. 11, 61; LG. III Berlin KGBl. 11, 22.

[19]) LG. Güstrow JW. 10, 597. A. M. Thuma JW. 10, 703; Neumann JW. 10, 932 u. JW. 11, 911; Stein-Jonas § 900 N. 33.

[20]) OLG. Dresden SächsOLG. 36, 55; Förster-Kann § 900 Anm. 5.

bestimmt ist[21]). Überdies würde die Erinnerung, da sie keine aufschiebende Wirkung hat, die Abhaltung des Termins nicht hindern und den Schuldner von der Pflicht zum Erscheinen nicht befreien. Doch bleibt es dem Schuldner unbenommen, unter Hinweis auf etwaige von Amts wegen zu beachtende Mängel oder Hindernisse des Antrages eine Aufhebung des zu Unrecht angesetzten Termins von Amts wegen anzuregen.

13 Zu dem Termin, der nicht öffentlich ist[22]), sind beide Parteien durch die Geschäftsstelle von Amts wegen zu laden (§ 497), denn auch der Gläubiger ist, obwohl er zum Termin nicht zu erscheinen braucht, zur Teilnahme daran berechtigt. In der Ladung ist der Zweck des Termins genügend deutlich anzugeben, im Falle des § 883 also unter Bezeichnung der Gegenstände, wegen deren der Eid geleistet werden soll. Die Angabe „zur Leistung des Offenbarungseides nach § 807 ZPO." ist zur Bezeichnung des Zweckes ausreichend. Fehlende, unvollständige oder unrichtige Angaben machen die Ladung unwirksam[23]). Zweckmäßig und üblich, wenn auch nicht unbedingt erforderlich ist es, mit der Ladung des Schuldners im Falle des § 807 die Aufforderung zur Vorlegung eines Vermögensverzeichnisses zu verbinden, was meist unter Beifügung eines geeigneten Vordruckes geschieht.

14 Die Ladung ist unter Wahrung einer Frist von drei Tagen (§ 217)[24]) den Prozeßbevollmächtigten erster Instanz der Parteien (§§ 176, 178 Abs. 2)[25]), in Ermangelung solcher[26]) den prozeß-

---

[21]) OLG. Dresden a. a. O. u. Rspr. 31, 145; Queck 47; Schwalm 32; Siebe JW. 12, 735; Pape Gerichtspraxis 284; Stein-Jonas § 900 N. 26.

[22]) Vgl. § 899 Anm. 1.

[23]) OLG. Hamburg HansGZ. 38, 144; Stein-Jonas § 900 N. 30. A. M. Crasemann DJZ. 11, 251.

[24]) So auch die h. M.; vgl. Stein-Jonas § 900 N. 38.

[25]) Zu weitgehend KG. Rspr. 16, 321; Seuffert § 901 Anm. 2 a; Förster-Kann § 900 Anm. 5, wonach, wenn der Eid aus mehreren Titeln gefordert wird und darin verschiedene Prozeßbevollmächtigte genannt sind, die Ladung allen zugestellt werden müßte.

[26]) Auch wenn der Prozeßbevollmächtigte durch Tod, Erlöschen der Vollmacht oder auf andere Art weggefallen ist. Bei Unauffindbarkeit des Prozeßbevollmächtigten gilt § 177.

fähigen Parteien selbst oder den im Antrage bezeichneten gesetzlichen Vertretern zuzustellen [27]). Auf die Einhaltung dieser Vorschriften kann verzichtet werden (§ 295), das Ausbleiben einer Partei stellt jedoch keinen Verzicht dar [28]). Daß neben dem Prozeßbevollmächtigten der Schuldner persönlich geladen wird, ist nicht erforderlich, denn § 141 Abs. 2 gilt nicht für den Offenbarungseid [29]). Die Ladung des Schuldners selbst aber an Stelle eines vorhandenen Prozeßbevollmächtigten ist unwirksam.

15 Der Termin findet grundsätzlich an Gerichtsstelle statt, kann jedoch im Falle eines Bedürfnisses auch an anderem Orte, z. B. in der Wohnung des Schuldners, abgehalten werden [30]).

16 Die Anwesenheit des Gläubigers in dem Termin, deren Notwendigkeit früher stark umstritten war, ist nach der durch die Novelle von 1898 eingefügten ausdrücklichen Bestimmung des Abs. 2 nicht erforderlich. Daraus ergibt sich, daß die schriftlich angebrachten Anträge und Erklärungen des Gläubigers, und zwar auch wenn sie nach dem Termin eingehen, voll zu berücksichtigen sind [31]). Andrerseits folgt arg. e contrario aus Abs. 2 in Verbindung mit der Notwendigkeit des Termins selbst und der Bestimmung über das Ausbleiben in § 901 die Pflicht des Schuldners, in dem Termin zu erscheinen oder sich vertreten zu lassen und etwaige Einwendungen mündlich vorzubringen, wenn sie Beachtung finden sollen [32]). Zwar kann der Schuldner, auch wenn er nicht erscheint, schriftlich auf von Amts wegen zu beachtende Mängel oder Hindernisse des Verfahrens hinweisen. Ein solcher Hinweis stellt aber nur eine Anregung an das Gericht dar, die bezeichneten Umstände zu prüfen, und gibt, wenn ihn das Gericht für unbeachtlich hält, dem Schuldner kein Recht, eine ausdrückliche Entscheidung darüber zu verlangen.

17 Wenn der Schwurpflichtige im Termin erscheint und sich zur Leistung des Eides bereit erklärt, so ist zunächst nochmals zu prüfen, ob die von Amts wegen zu beachtenden Voraussetzungen

---

[27]) Vgl. III. Kap. 9. Abschn.
[28]) RG. Rspr. 9, 33.
[29]) Neumann Recht 11, 792; Stein-Jonas § 900 N. 36.
[30]) Vgl. III. Kap. 10. Abschn.
[31]) Stein-Jonas § 900 N. 60.
[32]) Vgl. Anm. 23.

für die Abnahme des Offenbarungseides vorliegen. Diese Prüfung wird nicht dadurch entbehrlich, daß eine gleiche schon vor der Terminsbestimmung zu erfolgen hatte, denn die Abnahme des Eides ist eine neue selbständige Vollstreckungshandlung, und vor jeder solchen ist ihre Zulässigkeit erneut zu prüfen. Die Prüfung wird auch nicht überflüssig durch die Bereitwilligkeit des Schuldners zur Eidesleistung[33]), da die Abnahme des Eides nur auf Antrag des Gläubigers erfolgen darf und ihre Zulässigkeit deshalb durch einen zulässigen Antrag bedingt ist, die Voraussetzungen für die Zulässigkeit aber der Verfügung der Parteien entzogen sind.

18 Ergibt sich hiernach die Unzulässigkeit des Antrages, so ist er durch einen zu verkündenden Beschluß unter gleichzeitiger Entscheidung über die Kosten zurückzuweisen[34]). Gegen den Beschluß, der im Parteibetriebe zuzustellen ist, findet die sofortige Beschwerde statt, da er auch ohne mündliche Verhandlung ergehen könnte (§ 793). Unterbleibt die Zurückweisung, so fehlt es an einem Abschluß des Verfahrens. Der Gläubiger kann dann also die Bestimmung eines neuen Termins beantragen und dadurch eine Entscheidung herbeiführen[35]).

19 Findet dagegen das Gericht auch jetzt keine Bedenken gegen die Zulässigkeit des Antrages, so ist dem Schuldner gemäß §§ 480 bis 484 der Eid abzunehmen. Das Gericht kann dem Gläubiger, wenn er erschienen oder vertreten ist, nach freiem Ermessen gestatten, dem Schwurpflichtigen Vorhalte zu machen oder Fragen zu stellen, deren Beantwortung allerdings nicht verlangt werden kann, wenn sie nicht nach § 883 Abs. 4 zu einer Änderung der Eidesnorm führen. Insbesondere ist im Falle des § 807 der Schuldner nicht verpflichtet, auf Fragen über von ihm vorgenommene möglicherweise anfechtbare Rechtshandlungen zu antworten. Der Richter selbst hat vor Abnahme des Eides sich davon zu überzeugen, daß im Falle des § 807 vom Schuldner ein ordnungsmäßiges Ver-

---

[33]) Förster-Kann § 900 Anm. 7 a. A. M. Queck 62.

[34]) OLG. Kiel Rspr. 31, 145; Schwalm 45; Stein-Jonas § 900 IV 2. A. M. Falkmann 975.

[35]) A. M. OLG. Hamburg HansGZ. 12, 31 u. Stein-Jonas § 900 N. 57, die nur Dienstaufsichtsbeschwerde für möglich halten.

mögensverzeichnis vorgelegt ist, dessen Unvollständigkeit nicht äußerlich erkennbar ist[36]).

20 Auf die Abnahme des Eides ist es ohne Einfluß, ob der Gläubiger erschienen oder vertreten ist oder nicht. Ist er nicht wirksam geladen, so ist zwar das Verfahren ihm gegenüber formell anfechtbar[37]); infolge der materiellen Wirksamkeit der Eidesleistung aber kann er kein schutzbedürftiges Interesse an ihrer Wiederholung haben, so daß er nicht lediglich aus diesem Grunde die nochmalige Leistung des Eides verlangen kann[38]).

Die Abnahme des Eides hat zu unterbleiben, wenn der prozeßfähige Schuldner wegen Verstandesschwäche oder mangelnder Verstandesreife vom Wesen und der Bedeutung des Eides keine genügende Vorstellung hat. In diesem Falle ist, da § 393 Ziff. 1 auch auf den Offenbarungseid entsprechend anzuwenden ist, der Antrag auf Abnahme des Eides unzulässig[39]). Dagegen ist es für die Eidesabnahme unerheblich, wenn der Schwurpflichtige infolge strafgerichtlicher Verurteilung nicht im Besitz der bürgerlichen Ehrenrechte oder zu eidlicher Vernehmung unfähig ist; denn die Fähigkeit zur Leistung des Offenbarungseides und anderer Parteieide wird nach § 161 StGB. nicht ausgeschlossen.

21 Wenn der Schuldner im Termin erscheint oder sich vertreten läßt und seine Verpflichtung zur Leistung des Eides bestreitet, so kommt es zu dem im dritten Absatz geregelten Widerspruchsverfahren, das nach seiner Rechtsnatur ein Zwischenstreit ist. Dieser war nach der ursprünglichen Fassung der ZPO. durch kontradiktorisches, der Berufung unterliegendes Endurteil zu entscheiden. Die Nov. von 1898 beseitigte aber mit der Pflicht des Gläubigers zum Erscheinen im Termin auch das Urteil und ersetzte es durch einen Beschluß, womit namentlich eine Beschleunigung des Verfahrens durch Abkürzung der Rechtsmittelfrist bezweckt und die Möglichkeit einer schnelleren Erledigung des Rechtsmittels erzielt werden sollte. Man ging dabei von der irrigen Annahme

---

[36]) Vgl. § 807 Anm. 29. A. M. Queck 63.
[37]) Vgl. § 903 Anm. 5.
[38]) Schumann 81.
[39]) RG. Rspr. 22, 395; Förster-Kann § 900 Anm. 1 b bb.

aus, daß dieser Beschluß selbstverständlich der sofortigen Beschwerde unterliege. Irrig ist diese Annahme insofern, als die sofortige Beschwerde nach § 567 nur in den im Gesetz besonders hervorgehobenen Fällen stattfindet und § 900 Abs. 3 an sich nicht dazu gehört. Auf § 793 aber, wonach die sofortige Beschwerde gegen alle Entscheidungen stattfindet, die im Zwangsvollstreckungsverfahren ohne vorgängige mündliche Verhandlung erfolgen können, kann die Zulässigkeit der sofortigen Beschwerde in diesem Falle nicht gestützt werden, wie es ohne nähere Prüfung allgemein geschieht [40]); denn die Entscheidung über den Widerspruch kann, da er nur im Termin geltend gemacht werden darf und damit stets den Gegenstand mündlicher Verhandlung bilden muß [41]), niemals ohne mündliche Verhandlung erfolgen. Daß die mündliche Verhandlung, da der Gläubiger zum Erscheinen nicht verpflichtet ist, möglicherweise eine einseitige ist, nimmt ihr den Charakter einer mündlichen Verhandlung nicht. Die mündliche Verhandlung über den Widerspruch ist also nicht etwa eine fakultative im üblichen Sinne, deren Abhaltung ins Ermessen des Gerichts gestellt ist, sondern eine obligatorische [42]). Sie ist nur dadurch bedingt, daß der Schuldner im Termin einen Widerspruch gegen die Eidespflicht erhebt. Es war daher systematisch durchaus richtig, wenn die ZPO. in ihrer ursprünglichen Fassung die Entscheidung durch Urteil erfolgen ließ, das allerdings kein Endurteil, sondern ebenso wie der jetzt vorgeschriebene Beschluß begrifflich ein Zwischenurteil darstellte.

22 Trotz dieser Lücke im Gesetz muß man als Rechtsmittel gegen den Beschluß die sofortige Beschwerde zulassen, da nach Abs. 3 Satz 2 die Eidesleistung erst nach Eintritt der Rechtskraft der Entscheidung erfolgt. Daraus ergibt sich, daß die Entscheidung nicht, wie ohne diese Bestimmung angenommen werden müßte, mangels der Voraussetzungen für die Beschwerde nach § 567 unanfechtbar und damit sofort rechtskräftig sein, sondern einer An-

---

[40]) Vgl. Förster-Kann § 900 Anm. 7 b bb α; Stein-Jonas § 900 IV 1 b.

[41]) Vgl. Anm. 23.

[42]) Vgl. III. Kap. 12. Abschn. A. M. OLG. Breslau Rspr. 10, 399; OLG. Dresden SeuffArch. 60, 468; OLG. Kiel SeuffArch. 57, 249; Stein-Jonas § 900 IV 1 b.

fechtung unterliegen sollte, und zwar einer befristeten Anfechtung, da bei Zulassung eines unbefristeten Rechtsmittels eine formelle Rechtskraft nie eintreten könnte, wenn das Rechtsmittel nicht eingelegt wird. Das einzige befristete Rechtsmittel gegen einen Beschluß ist aber die sofortige Beschwerde; die Bestimmung, daß die Eidesleistung erst nach Eintritt der Rechtskraft erfolge, stellt also die nach § 567 für die Zulässigkeit der sofortigen Beschwerde erforderliche besondere Hervorhebung dar, wenn das auch mit diesen Worten nicht bezweckt war und nicht besonders klar zum Ausdruck gekommen ist.

23 Da nach Abs. 2 der Schuldner zum Termin erscheinen oder sich vertreten lassen muß, vor allem aber auch, weil für den Fall seines Ausbleibens in § 901 eine andere Regelung getroffen ist, kann nur über einen im Termin mündlich vorgebrachten Widerspruch nach § 900 Abs. 3 entschieden werden[43]). Ein vorher schriftlich angebrachter, im Termin aber nicht vorgetragener Widerspruch kann also das hier vorgesehene Verfahren nicht veranlassen. Auch ein mündlich erhobener Widerspruch verliert seine Bedeutung, wenn die Verhandlung vertagt wird und der Schuldner in dem neuen Termin nicht erscheint (§ 901)[44]).

24 Unter Widerspruch versteht das Gesetz nach Abs. 3 im Gegen-

---

[43]) Vgl. Anm. 16. Ebenso die OLG. Breslau Rspr. 17, 201; Braunschweig Rspr. 5, 136; Dresden Rspr. 17, 202; Hamburg Rspr. 31, 147; KG. Rspr. 17, 345; Karlsruhe BadRPr. 12, 38; Posen Rspr. 22, 398; Stein-Jonas § 900 IV 3; Sydow-Busch § 900 Anm. 6; Baumbach § 900 Anm. 4 B; Heilfron-Pick Lehrb. II 412; Hellwig-Oertmann II 287; Rosenberg Lehrb. 650; Stein Grundriß 397; Fraeb ZZP. 55, 323; Francke 91; Lubowski 31 u. 42; Schumann 84; Neumann DJZ. 07, 692; Schwalm 35 ff.; Siebe JW. 12, 734 u. a. A. M. bes. OLG. Hamm DJZ. 03, 228; Seuffert § 903 Anm. 3 e; Förster-Kann § 900 Anm. 6 b; Krech Gruch. 26, 260; Queck 92; Schönfeld 20; Hein 577; Herz ZZP. 38, 349 ff.; Heuer HansGZ. 21, 65; Kraus SeuffBl. 06, 371 ff.; Voß 134 u. a. Zweifelnd Fraeb Judicium 30, 168.

[44]) OLG. Karlsruhe BadRPr. 12, 38; LG. Dresden Recht 01, 413; Stein-Jonas § 900 N. 65. A. M. LG. München I BayZ. 08, 72.

satz zur Verweigerung des Eides eine Erklärung, durch die der Schuldner seine Verpflichtung zur Leistung des Eides unter Angabe eines Grundes bestreitet. Die Grenze zwischen einem Widerspruch in diesem Sinne und einer grundlosen Eidesverweigerung wird oft schwer zu ziehen sein. Das Gericht hat nötigenfalls durch Ausübung seiner Fragepflicht den Willen des Schuldners zu erforschen und diesen nach freiem Ermessen auszulegen. Auf den Wortlaut der Erklärung kann es dabei nicht ankommen; die Erklärung des Schuldners, daß er den Eid verweigere aus einem Grunde, der seine Pflicht zur Eidesleistung berührt, ist daher ein Widerspruch, während umgekehrt die Erklärung, daß der Schuldner die Eidespflicht bestreite oder ihr widerspreche, nur eine grundlose Verweigerung des Eides darstellt, wenn für den Widerspruch überhaupt kein Grund oder nur ein solcher angegeben wird, der erkennen läßt, daß der Schuldner tatsächlich seine Pflicht zur Eidesleistung nicht in Abrede stellen will[45]). Endlich wird man aber auch ein ausdrückliches Bestreiten der Eidespflicht nicht als beachtlichen Widerspruch, sondern als grundlose Verweigerung des Eides ansehen müssen, wenn es offensichtlich nicht ernst gemeint ist, wie z. B. die Wiederholung eines bereits rechtskräftig im gleichen Verfahren verworfenen Widerspruches[46]).

25 Bestreitet der Schuldner aber ernstlich seine Pflicht zur Leistung des Offenbarungseides, so liegt ein nach § 900 Abs. 3 zu behandelnder Widerspruch vor, gleichviel ob die zur Begründung des Widerspruchs vorgebrachten Tatsachen von Amts wegen, nur auf Einwand des Schuldners oder überhaupt nicht im Offenbarungseidsverfahren zu beachten sind[47]). Hiervon hängt lediglich die Entscheidung ab, ob der Widerspruch begründet ist. Es ist auch gleichgültig, ob die Pflicht zur Leistung des Offenbarungseides überhaupt oder nur die Pflicht zur Leistung des Eides zu der Zeit, an dem Orte oder in dem Umfange bestritten wird, wie ihn der Gläu-

---

45) Förster-Kann § 900 Anm. 7b bb β.

46) Francke 92; LG. I Berlin Goldmann 375.

47) OLG. Hamburg SeuffArch. 47, 251; Förster-Kann § 900 Anm. 7b bb α; Stein-Jonas § 900 N. 48. A. M. Lubowski 18 ff. Bedenklich LG. München I BayZ. 29, 46.

biger fordert. Hiernach sind als Widerspruchsgründe insbesondere denkbar

a) das Fehlen einer Prozeßvoraussetzung, besonders die mangelnde Parteifähigkeit, Prozeßfähigkeit oder gesetzliche Vertretung einer Partei oder die Unzuständigkeit des Gerichts. Wird ein solcher Widerspruch erhoben, so hat der Gläubiger das Vorliegen der streitigen Prozeßvoraussetzung zu beweisen. Hierher gehört auch der Einwand, daß der Gläubiger, obwohl die Voraussetzungen an sich gegeben seien, mangels eines Rechtsschutzbedürfnisses — z. B. im Falle des § 777 [48]) — die Leistung des Offenbarungseides nicht fordern könne, was angesichts der vom Gläubiger beizubringenden Urkunden in der Regel der Schuldner wird beweisen müssen;

b) alle Einwendungen gegen den Bestand des Anspruches aus dem Schuldtitel, aus dem die Zwangsvollstreckung betrieben wird; denn wer den der Vollstreckung zugrunde liegenden Anspruch bestreitet, der bestreitet auch das Recht des Gläubigers, wegen dieses Anspruchs den Offenbarungseid zu fordern. Solche Einwendungen sind allerdings im Offenbarungseidsverfahren wie in der ganzen Zwangsvollstreckung unbeachtlich, da das Bestehen des materiellen Anspruches nicht Voraussetzung der Zwangsvollstreckung ist und etwa begründete Einwendungen nur im Wege besonderer Klage nach § 767 geltend gemacht werden können [49]). Ein solcher Widerspruch ist also zu verwerfen.

Wenn die Voraussetzungen des § 775 vorliegen und der Widerspruch darauf gestützt wird, so ist nicht über den Widerspruch zu entscheiden, sondern nach § 775 das ganze Verfahren einzustellen [50]). Wird in den Fällen des § 775 Ziff. 4 und 5 auf Antrag des Gläubigers das Verfahren fortgesetzt und in dem neu anzuberaumenden

---

[48]) LG. I Berlin Goldmann 125.

[49]) Stein-Jonas § 900 II 3. Vgl. III. Kap. 15. Abschn. N. 1.

[50]) OLG. Hamburg Rspr. 10, 377; Stein-Jonas § 900 N. 13. A. M. Seuffert § 901 Anm. 3 c. Lubowski 24 ff. wie hier für die Fälle des § 775 Ziff. 1—3, anders für Ziff. 4 u. 5. Vgl. III. Kap. 15. Abschn. N. 15.

Termin der Widerspruch wiederholt, so ist er zu verwerfen, da der Schuldner nunmehr nach § 767 verfahren muß[51]);

c) alle Einwendungen gegen die Zulässigkeit der Zwangsvollstreckung im allgemeinen. Von ihnen können die nach §§ 732 und 768 im besonderen Verfahren geltend zu machenden Einwendungen gegen die Rechtmäßigkeit der Vollstreckungsklausel im Offenbarungseidsverfahren auch dann nicht berücksichtigt werden, wenn es vor demselben Gericht stattfindet, das auch für die erwähnten Verfahrensarten zuständig ist[52]). Der auf solche Einwendungen gestützte Widerspruch ist also zu verwerfen. Im übrigen ist ein Widerspruch wegen fehlender Vollstreckungsvoraussetzungen begründet, wenn der eingereichte Schuldtitel zur Zwangsvollstreckung nicht geeignet ist, wenn es an einem vom Gläubiger nachzuweisenden formellen Erfordernis der Zwangsvollstreckung fehlt oder wenn der Schuldner ein Hindernis gegen die Zwangsvollstreckung beweist, z. B. den dauernden oder zeitweiligen Verzicht des Gläubigers auf Leistung des Offenbarungseides oder auf Vollstreckung des Schuldtitels überhaupt ohne Verzicht auf den materiellen Anspruch. Gegen die Zulässigkeit eines solchen Verzichts bestehen keine Bedenken[53]), da der Gläubiger zur Vollstreckung seines Anspruchs nicht verpflichtet ist. Ferner rechtfertigen den Widerspruch die, wenn sie dem Gericht bekannt sind, auch von Amts wegen zu beachtenden Fälle der Eröffnung des Konkursverfahrens[54]) und, wenn der Gläubiger daran beteiligt ist, auch des Vergleichsverfahrens über das Vermögen des Schuldners

---

[51]) Vgl. III. Kap. 15. Abschn. N. 21.

[52]) Förster-Kann § 900 Anm. 1 a.

[53]) OLG. Dresden Rspr. 13, 198; OLG. Hamburg Rspr. 13, 219; Schwalm 37; Stein-Jonas Vorbem. VI 6 vor § 704 u. § 767 N. 46; Förster-Kann § 807 Anm. 4 b (anders allerdings Vorbem. 11 b vor § 704). A. M. Hellwig-Oertmann II 289.

[54]) Stein-Jonas § 900 II 1 will ohne Begründung auch die Voraussetzungen der Einstellung nach § 775 Ziff. 1—3 von Amts wegen beachtet wissen. Vgl. auch OLG. Karlsruhe u. Roquette JW. 28, 741.

sowie der Ablauf der Frist zur Vollziehung des Arrestes nach § 929 Abs. 2 [55]);

d) Einwendungen gegen die besonderen Voraussetzungen für die Pflicht zur Leistung des Offenbarungseides, insbesondere die Behauptung, daß der Gläubiger im Falle des § 807 durch Pfändung Befriedigung erlangen könne oder daß im Falle des § 883 der Versuch der Zwangsvollstreckung unwirksam gewesen sei, ferner der Einwand der früheren Eidesleistung oder Haftvollstreckung (§§ 903, 914), der Einwand der mangelnden Eidesfähigkeit (§ 393 Ziff. 1), die an sich von Amts wegen zu beachten, in Zweifelsfällen aber vom Schuldner zu beweisen ist und das Verfahren unzulässig macht [56]), auch die Behauptung, daß der Schuldner zur Leistung des Eides zur Zeit nicht verpflichtet sei, weil er aus gesundheitlichen Gründen kein Vermögensverzeichnis anfertigen oder nicht vor Gericht erscheinen oder nicht schwören könne. Bei solchen Erklärungen, die den Widerspruch nicht rechtfertigen [57]), weil Krankheit nach § 906 nur die Vollziehung der Haft zeitweilig ausschließt, ist aber besonders sorgfältig zu prüfen, ob der Schuldner tatsächlich die Eidespflicht bestreiten will, was oft nicht der Fall sein wird.

26 Nicht als Widerspruch anzusehen sind dagegen Erklärungen des Schuldners wie die, daß er zahlen oder dem Gläubiger einen Vergleichsvorschlag machen wolle [58]), daß er vor der Konkurseröffnung stehe, daß ihm die Leistung des Eides in seinem Fortkommen hinderlich sei, daß er aus Gründen religiöser Überzeugung nicht schwören dürfe, daß er als Ausländer zur Leistung des Offenbarungseides nicht verpflichtet sei [59]) usw.

27 Wird im Termin ein Widerspruch erhoben, so ist darüber

---

[55]) Vgl. § 807 Anm. 3.

[56]) Vgl. Anm. 20.

[57]) OLG. Stettin JZP. 50, 323; Schwalm 37. A. M. KG. Rspr. 35, 185; Baumbach § 900 Anm. 3 A; Förster-Kann § 900 Anm. 1 b cc. Aber nur wenn feststeht, daß der Schuldner für immer zur Eidesleistung unfähig ist, mag eine andere Beurteilung gerechtfertigt sein. Vgl. auch N. 56.

[58]) KG. Rspr. 15, 20; Neumann JW. 12, 233; Stein-Jonas § 900 N. 48; Förster-Kann § 900 Anm. 7 b bb α.

[59]) A. M. für diesen allerdings zweifelhaften Fall Francke 90.

durch Beschluß zu entscheiden, auch wenn der Gläubiger nicht erschienen ist; eines neuen Antrages des Gläubigers bedarf es nicht[60]), der Gläubiger kann aber durch Rücknahme seines Antrages das Verfahren beenden[61]). Sind für die Entscheidung erhebliche Tatsachen streitig, so ist darüber Beweis zu erheben[62]), soweit nicht Glaubhaftmachung ausdrücklich zugelassen[63]) oder der urkundliche Nachweis besonders vorgeschrieben ist[64]). Bei der Entscheidung sind, da der Gläubiger zum Erscheinen im Termin nicht verpflichtet ist, seine schriftlichen Erklärungen zu berücksichtigen, und zwar auch, soweit sie erst nach dem Termin eingehen[65]). Das Vorbringen des Schuldners aber ist nur beachtlich, soweit es im Termin mündlich geltend gemacht wird. War der Gläubiger im Termin nicht erschienen und ist seine Anhörung notwendig, so ist ihm durch Aussetzung der Verkündung zu schriftlicher oder durch Vertagung zu mündlicher Gegenäußerung Gelegenheit zu geben (§§ 138, 139), insbesondere im Falle des § 903 zur etwaigen Glaubhaftmachung neuen Vermögenserwerbs. Der Beschluß über den Widerspruch ergeht jedoch stets, auch wenn nachträgliche schriftliche Erklärungen des Gläubigers mitberücksichtigt werden, auf Grund der mündlichen Verhandlung mit dem Schuldner. Er ist daher nach § 329 Abs. 1 in jedem Falle zu verkünden, und zwar entweder im Termin selbst oder in einem sofort anzuberaumenden Verkündungstermin (§§ 310, 329 Abs. 2)[66]). Seine Zustellung hat stets im Parteibetrieb zu erfolgen (§§ 317 Abs. 1, 329 Abs. 2), und zwar an die Prozeßbevollmächtigten erster Instanz, soweit

60) KG. Rspr. 13, 218. Zweifelnd Lubowski 18.

61) Stein-Jonas § 900 N. 45.

62) Vgl. III. Kap. 13. Abschn.

63) Vgl. §§ 807, 903. Ebenso KG. Rspr. 22, 397; Förster-Kann § 900 Anm. 6c; Stein-Jonas § 900 N. 46. A. M. Crasemann JW. 15, 126, der Glaubhaftmachung stets für genügend hält.

64) Vgl. Anm. 3.

65) LG. I Berlin Goldmann 364. A. M. LG. III Berlin KGBl. 11, 22; Lubowski 30.

66) Schwalm 47. A. M. OLG. Breslau Rspr. 10, 399; LG. I Berlin KGBl. 12, 1; Crasemann DJZ. 11, 251; Lubowski 44; Förster-Kann § 900 Anm. 7 b bb a; Stein-Jonas § 900 IV 2.

deren Vollmacht nicht erloschen ist. Unterbleibt die Verkündung fälschlicherweise, so muß der Beschluß nach § 329 Abs. 3 von Amts wegen zugestellt werden. In dem Beschluß ist zugleich eine Entscheidung über die Kosten zu treffen [67]). Wird der Antrag zwischen Verhandlungs- und Verkündungstermin zurückgenommen, so ist der Widerspruch gegenstandslos und nur noch über die Kosten zu entscheiden [68]).

28 Die Entscheidung erfolgt „über den Widerspruch", also über die vom Schuldner erhobene konkrete Einwendung, nicht über seine Pflicht zur Eidesleistung überhaupt. Durch die Entscheidung wird dem Schuldner also die Geltendmachung weiterer Widerspruchsgründe, auch soweit er sie schon kannte, in einem späteren Termin nicht abgeschnitten [69]). Die Ansicht, daß Einwendungen gegen die Eidespflicht nur bis zum Schlusse der mündlichen Verhandlung über den ersten Widerspruch zulässig seien, trägt dem Umstande nicht Rechnung, daß die mündliche Verhandlung über die Eidespflicht mit der Entscheidung über den Widerspruch nicht beendet ist, sondern nach deren Rechtskraft fortgesetzt werden muß und daß der Schuldner nach Abs. 3 Satz 2 auch nach rechtskräftiger Verwerfung eines Widerspruches erneut seiner Pflicht zur Eidesleistung widersprechen kann. Die Behauptung, ein weiterer Widerspruch könne nur auf solche Tatsachen gestützt werden, die erst nach Schluß der ersten mündlichen Verhandlung eingetreten seien [70]), entbehrt jeder gesetzlichen Grundlage. Für ihre Unrichtigkeit spricht auch, daß bei Verwerfung eines zweiten Widerspruchs die Eidesleistung vor Eintritt der Rechtskraft angeordnet werden kann. Dürfte der zweite Widerspruch nur auf neu eingetretene Tatsachen gestützt werden, dann wäre ein auf schon vorher bekannte Gründe

---

[67]) OLG. Hamburg Rspr. 9, 83.

[68]) Vgl. III. Kap. 6. Abschn.

[69]) OLG. Hamburg Rspr. 5, 135; Mugdan ZZP. 5, 273; Fraeb Judicium 30, 169; Queck 96. A. M. KG. Rspr. 13, 221; Krech Gruch. 26, 269; Schönfeld 20; Francke 92 (diese auf Grund des früheren Rechts); Schumann 84; Schwalm 38; Förster-Kann § 900 Anm. 7 b bb a; Stein-Jonas § 900 IV 1 b; Sydow-Busch § 900 Anm. 8; Baumbach § 900 Anm. 4 C.

[70]) Vgl. N. 69.

gestützter Widerspruch nur eine Wiederholung des bereits rechtskräftig verworfenen Widerspruchs und deshalb so wenig beachtlich wie die Wiederholung einer prozeßhindernden Einrede nach ihrer rechtskräftigen Verwerfung [71]). Zu einer Entscheidung über einen zweiten Widerspruch könnte es also nur dann kommen, wenn der Schuldner diesen Widerspruch vor der Entscheidung über den ersten nicht geltend machen konnte, und es ist nicht einzusehen, weshalb der Schuldner für diese von ihm nicht verschuldete Verzögerung des Widerspruchs entgegen der allgemeinen Vorschrift dadurch sollte gestraft werden können, daß er vor Rechtskraft der Entscheidung über seinen Widerspruch zur Eidesleistung gezwungen wird. Der zweite Halbsatz von Abs. 3 Satz 2 hat vielmehr eine innere Berechtigung nur dann, wenn der Schuldner auch nach rechtskräftiger Verwerfung eines Widerspruchs einen zweiten noch auf Gründe stützen kann, die er schon zur Zeit der Entscheidung über den ersten geltend machen konnte [72]). Die verspätete Geltendmachung des zweiten Widerspruches kann also nur nach § 278 Abs. 2 die Belastung des obsiegenden Schuldners mit einem Teil der Verfahrenskosten zur Folge haben.

29 Wenn das Gericht den Widerspruch nicht für begründet hält, so soll der Beschluß dahin lauten, daß der Widerspruch des Schuldners verworfen wird, ohne daß die Wahl dieser Worte gerade notwendig wäre. Ist dagegen der Widerspruch begründet, so folgt daraus, daß der Antrag auf Abnahme des Offenbarungseides nicht gerechtfertigt ist. In diesem Falle ist daher die Zurückweisung des Antrages des Gläubigers auszusprechen, die, wenn sie rechtskräftig wird, das Verfahren endgültig beendet. Der Gläubiger wird jedoch dadurch nicht gehindert, wegen eines anderen Anspruches oder eines anderen Teilbetrages desselben Anspruches [73]) oder nach Veränderung der Umstände, die zur Zurückweisung seines Antrages geführt haben, z. B. nach Ablauf der Frist des § 903,

[71]) Vgl. N. 46.

[72]) Für den völlig entsprechenden Fall des Zwischenstreits über die Zeugnispflicht nimmt dies auch die h. M. an; vgl. Stein-Jonas § 390 I 2.

[73]) Fraeb JJP. 54, 166. A. M. LG. Köln JJP. 31, 528; Schumann 83; Stein-Jonas § 900 N. 50.

Glaubhaftmachung neuen Vermögenserwerbs oder Nachholung der noch erforderlichen Zwangsvollstreckung, auch wegen desselben Anspruches erneut die Abnahme des Offenbarungseides zu beantragen.

30 Die sofortige Beschwerde gegen den Beschluß kann auch auf neue Tatsachen gestützt werden (§ 570), selbst wenn sie dem Schuldner schon vor Schluß der mündlichen Verhandlung bekannt waren [74]). Werden solche neuen Tatsachen, die zur Begründung eines Widerspruchs dienen sollen, vom Schuldner erst mit der Beschwerde geltend gemacht, so hat darüber das Beschwerdegericht zu entscheiden. Als Widerspruch gem. § 900 Abs. 3 ist dieses neue Vorbringen nicht zu behandeln, weil die Geltendmachung nicht mündlich im Termin erfolgte.

31 Die Eidesleistung hat nach Abs. 3 Satz 2 in der Regel erst nach Eintritt der Rechtskraft der Entscheidung zu erfolgen. Da die Zustellung im Parteibetriebe zu bewirken ist, erlangt das Gericht vom Eintritt der Rechtskraft nur dann unmittelbar Kenntnis, wenn es die Akten nach Entscheidung über eine weitere Beschwerde zurückerhält. Dann ist von Amts wegen ein neuer Termin anzuberaumen [75]). Sonst aber hat der Gläubiger erst den Eintritt der Rechtskraft der Verwerfung des Widerspruches nachzuweisen, wenn er die Bestimmung eines neuen Termins beantragt.

32 Im Falle der Verwerfung eines zweiten Widerspruches kann das Gericht die Eidesleistung vor Eintritt der Rechtskraft anordnen. Voraussetzung dafür ist, daß die Verwerfung des früheren Widerspruchs im gleichen Verfahren zwischen den gleichen Parteien erfolgt ist [76]). Die Anordnung kann von Amts wegen oder auf Antrag des Gläubigers auch nach dem Termin ohne mündliche Verhandlung ergehen und unterliegt nach § 793 der sofortigen

---

[74]) OLG. Frankfurt Rspr. 29, 264; OLG. Hamburg Rspr. 14, 213; Kraus SeuffBl. 71, 374; du Chesne SeuffBl. 71, 668; Förster-Kann § 900 Anm. 7 b bb α.

[75]) Es bedarf also nicht, wie Stein-Jonas § 900 IV 1 b meint, stets eines neuen Antrages des Gläubigers. Vgl. auch Schönfeld 19 ff.

[76]) OLG. Kiel Rspr. 10, 395; LG. Dresden ZZP. 28, 326; Förster-Kann § 900 Anm. 7 b bb α; Stein-Jonas § 900 N. 54 u. 55.

Beschwerde, die allerdings keine aufschiebende Wirkung hat (§ 572) und deshalb die Anordnung der Haft nach § 901 zunächst nicht ausschließt. Wird jedoch die Anordnung der sofortigen Eidesleistung in der Beschwerdeinstanz aufgehoben, so wird dadurch auch die Anfechtbarkeit einer inzwischen erfolgten Eidesleistung oder Haftanordnung begründet.

§ 901.

Gegen den Schuldner, welcher in dem zur Leistung des Offenbarungseids bestimmten Termin nicht erscheint oder die Leistung des Eides ohne Grund verweigert, hat das Gericht zur Erzwingung der Eidesleistung auf Antrag die Haft anzuordnen.

Übersicht der Anmerkungen.

A. Voraussetzungen der Haftanordnung, Anm. 1—6.
B. Form der Anordnung, Anm. 7.
C. Wirkung der Anordnung, Anm. 8—10.
D. Anfechtung der Haftanordnung, Anm. 11—17.

1 Voraussetzung für die Anordnung der Haft ist hiernach entweder das Ausbleiben des Schuldners im Termin oder die grundlose Verweigerung des Eides. Das Gesetz stellt diese beiden Fälle ausdrücklich einander gleich auf Grund der in der Regel zutreffenden Vermutung, daß der ausgebliebene Schuldner die Leistung des Eides verweigern wolle, ohne einen Grund dazu zu haben. Die Haft wird in beiden Fällen zur Erzwingung der Eidesleistung angeordnet, ist also nicht Strafe, sondern lediglich Mittel zur Willensbeugung. Zu Unrecht wollen Lubowski [1]) und Fraeb [2]) den Haftbefehl gegen den ausgebliebenen Schuldner nur als einen Vorführungsbefehl ansehen, der mit der zwangsweisen Vorführung des Schuldners vor das Vollstreckungsgericht erledigt sei und, wenn der Schuldner hier den Eid verweigere und in Haft behalten

---

[1]) S. 36 ff.

[2]) Rechtsgang II, 232; JJP. 50, 223 u. 55, 322; Judicium 30, 159. Ebenso auch Baumbach § 901 Anm. 1.

werden solle, den Erlaß eines neuen Haftbefehls erforderlich mache, der logischerweise, was sie übersehen, auch einer erneuten Vollstreckung nach § 909 bedürfte. Wäre das der Sinn des Gesetzes gewesen, dann wäre, da der Begriff der zwangsweisen Vorführung auch der ZPO. nicht fremd ist, für diesen Fall nicht die Anordnung der Haft zwingend vorgeschrieben worden, die begrifflich in der Entziehung der Freiheit, nicht in der Beförderung des Schuldners vor das Gericht besteht; es wäre vielmehr, wie in § 380 Abs. 2, die Anordnung der zwangsweisen Vorführung für zulässig oder notwendig erklärt worden.

2 Nicht erschienen ist der Schuldner, wenn er trotz rechtzeitiger und ordnungsmäßiger Ladung in der Zeit vom Aufruf bis zum Schlusse des Termins sich nicht vor Gericht meldet. Die Ordnungsmäßigkeit der Ladung setzt die Zustellung an einen etwa vorhandenen Prozeßbevollmächtigten erster Instanz voraus (§§ 176, 178 Abs. 2). Erscheint für den Schuldner ein Vertreter zum Termin, so gilt der Schuldner nur dann als nicht erschienen, wenn der Vertreter wegen mangelnder Prozeßfähigkeit (§ 79) oder mangels schriftlicher Vollmacht (§ 89) nicht zugelassen oder nach § 157 zum zweiten Male zurückgewiesen wird (§ 158 Satz 2)[3]).

3 Aus welchem Grunde der Schuldner nicht erscheint, ist für die Anordnung der Haft nach der Fassung des Gesetzes bedeutungslos. Die Anwendung des § 901 wird also nicht dadurch ausgeschlossen, daß der Schuldner der Verpflichtung zur Eidesleistung schriftlich widersprochen oder sein Ausbleiben entschuldigt hat oder nachträglich entschuldigt[4]), unbeschadet des Rechts des Vorsitzen-

---

[3]) A. M. OLG. Braunschweig Rspr. 22, 395; Schumann 82; Stein-Jonas § 900 N. 44, die den vertretenen Schuldner auch dann als nicht erschienen ansehen wollen, wenn der Vertreter, ohne die Eidespflicht zu bestreiten, nur das Ausbleiben des Schuldners entschuldigt. §§ 220 Abs. 2 und 333 passen aber für diesen Fall schon deshalb nicht, weil die Leistung des Eides, die allein vom Schuldner gefordert wird, kein „Verhandeln" im Sinne dieser Bestimmungen darstellt. Im Ergebnis ist die Frage übrigens völlig bedeutungslos, vgl. Anm. 4.

[4]) OLG. Breslau Rspr. 17, 201; Queck 68; Stein-Jonas § 900 IV 3 a. A. M. OLG. Hamburg Rspr. 14, 213; KG. Rspr.

den, aus erheblichen Gründen eine Verlegung des Termins zu bewilligen oder die Abnahme des Eides im Wege der Rechtshilfe zu beschließen[5]. Wenn der Schuldner durch Naturereignisse, unabwendbare Zufälle oder Abkürzung der Ladungsfrist nach dem Dafürhalten des Gerichts am Erscheinen verhindert ist, aber nur in diesem Falle, kann in entsprechender Anwendung von § 237 auch eine Vertagung des Termins von Amts wegen unter — sonst entbehrlicher — Neuladung des Schuldners erfolgen[6]. Krankheit des Schuldners ist kein Hindernis im Sinne dieser Bestimmung, da sie den Schuldner nicht hindert, durch einen Vertreter einen etwaigen Widerspruch zu erheben, und die Krankheit allein, falls sie nicht zur Begründung eines Widerspruchs dienen kann und der Schuldner auch sonst keinen Grund zum Widerspruch hat, nach § 906 nicht die Anordnung, sondern nur die Vollstreckung der Haft ausschließt.

4 Der Schuldner verweigert den Eid grundlos, wenn er, obwohl im Termin erschienen oder vertreten[7], ohne gegen seine Verpflichtung zur Leistung des Eides Widerspruch zu erheben oder unter Erhebung eines unbeachtlichen Widerspruchs[8] oder nachdem die Eidesleistung vor Rechtskraft der Verwerfung eines weiteren Widerspruches angeordnet ist, den Eid nicht in dem zu seiner Abnahme angesetzten Termin leistet oder im Falle des § 807 das dort vorgeschriebene Vermögensverzeichnis nicht vorlegt, ohne das der Eid nicht abgenommen werden darf[9], oder aber bei der Eidesleistung einen unzulässigen Vorbehalt machen will[10].

22, 397; OLG. Karlsruhe BadRPr. 07, 298; KG. Rspr. 17, 201; Lubowski 19; Menzel JurRdsch. 27, 308 für den Fall der Krankheit des Schuldners.

[5] Vgl. § 899 Anm. 6.

[6] OLG. Hamburg Rspr. 14, 213; Stein-Jonas § 900 N. 65 a. Vgl. III. Kap. 10. Abschn. N. 2 u. 3.

[7] Vgl. aber Anm. 2.

[8] Vgl. § 900 N. 46.

[9] LG. I Berlin Goldmann 379; Krech Gruch. 26, 268; Stein-Jonas § 807 N. 38. Vgl. § 807 Anm. 29.

[10] A. M. OLG. Marienwerder Recht 05, 372, das darin einen Widerspruch erblickt.

5 Die Anordnung der Haft erfordert neben einer dieser beiden Voraussetzungen weiter einen darauf gerichteten besonderen Antrag des Gläubigers, der, da der Gläubiger nicht zu erscheinen braucht, schriftlich gestellt werden kann, und zwar nicht nur nach dem Termin [11]), sondern auch schon vorher für den Fall, daß es nicht zur Leistung des Eides kommt; denn der Eintritt dieser Bedingung steht spätestens zur Zeit der Entscheidung über den Antrag fest [12]). Ist der Antrag seinem Wortlaut nach nur für einen der beiden Fälle des § 901, Ausbleiben des Schuldners oder Verweigerung des Eides, gestellt, so ist er doch im Wege der Auslegung dahin zu verstehen, daß auch für den anderen Fall, wenn dieser eintritt, die Anordnung der Haft beantragt wird [13]).

6 Wird im Falle des § 901 weder der Antrag des Gläubigers zurückgewiesen noch bis zum Schlusse des Termins ein Antrag auf Anordnung der Haft gestellt, so kommt das Verfahren zunächst zum Stillstand. Das Ruhen des Verfahrens mit seiner die Fortsetzung hemmenden Wirkung nach § 251 Abs. 2 darf jedoch nicht angeordnet werden, weil sich diese Bestimmung nur auf das Erkenntnisverfahren bezieht [14]). Ergeht eine solche Anordnung trotzdem, so ist sie bedeutungslos und steht der Fortsetzung des Offenbarungseidsverfahrens nicht im Wege. Eine Fortsetzung des Verfahrens ist nur auf Antrag des Gläubigers möglich, da ohne eine solche der erforderliche Wille des Gläubigers zur weiteren Betreibung der Zwangsvollstreckung nicht festgestellt werden kann. Der Schuldner kann also nicht nachträglich die Abnahme des Eides oder die Bestimmung eines neuen Termins hierzu verlangen, zumal schon nach § 900 zu diesem Antrage nur der Gläubiger berechtigt ist. Auch der Gläubiger ist aber, wenn er das Verfahren

---

[11]) Koerner ZZP. 35, 572; Förster-Kann § 900 Anm. 7 b aa; Stein-Jonas § 901 N. 22.

[12]) Stein DJZ. 13, 40; Stein-Jonas § 901 N. 3. A. M. Lubowski 34; Königsberger DJZ. 12, 807.

[13]) A. M. Fraeb ZZP. 50, 223; Baumbach § 901 Anm. 1.

[14]) Förster-Kann § 900 Anm. 9. A. M. KG. Rspr. 33, 129; OLG. München BayZ. 28, 81; Baumbach § 900 Anm. 4 C c; Schwalm 55; Kleinfeller Lehrbuch S. 694.

fortsetzen will, nicht berechtigt, die Anberaumung eines neuen Termins zu fordern, sondern darauf angewiesen, die Anordnung der Haft nach § 901 zu erwirken und durch Vollstreckung des Haftbefehls den Schuldner zur Eidesleistung zu zwingen[15]); denn auch das Ausbleiben des Schuldners ist nach § 901 als Eidesverweigerung anzusehen und gegen den die Leistung des Eides verweigernden Schuldner kann nur im Wege des Haftzwanges vorgegangen werden. Etwas anderes kann nur gelten, wenn der Schuldner, weil ihm der Gläubiger Stundung gewährt hatte, zum Erscheinen in dem früheren Termin nicht verpflichtet war.

7 Die Anordnung der Haft erfolgt durch Beschluß, der in § 908 als Haftbefehl bezeichnet wird und über dessen Form dort nähere Bestimmungen getroffen sind. Der Beschluß ist zu verkünden, wenn er im Termin ergeht, auch wenn beide Parteien nicht erschienen sind[16]), und in diesem Falle im Parteibetriebe zuzustellen. Wird er aber erst nach dem Termin auf späteren Antrag erlassen, so ergeht er nicht auf Grund der mündlichen Verhandlung, da der Antrag auf Anordnung der Haft in diesem Fall im Termin nicht zur Erörterung stand. Er ist also dann nach § 329 Abs. 3 beiden Parteien von Amts wegen zuzustellen[17]).

8 Die Anordnung der Haft enthält in jedem Falle zugleich die Entscheidung, daß der Schuldner zur Leistung des Offenbarungseides verpflichtet ist[18]), daß er also keine Gründe zum Widerspruch oder, falls schon ein solcher verworfen ist, zu einem weiteren Widerspruch gegen seine Eidespflicht habe. Deshalb ist bei Anordnung der Haft zu prüfen, ob die von Amts wegen zu berücksichtigenden Voraussetzungen für die Abnahme des Offenbarungseides im

---

[15]) Schwalm 48; LG. Flensburg JW. 19, 519. A. M. Baumgärtel ebenda; KG. Rspr. 14, 190; Förster-Kann § 900 Anm. 9.

[16]) Fraeb ZZP. 55, 323. A. M. LG. Magdeburg NaumbAK. 29, 110; Lubowski 41 ff.; Schwalm 48.

[17]) Marcus DRZ. 11, 71. A. M. Stein-Jonas § 901 II; Förster-Kann § 900 Anm. 8 und viele andere, die nur eine Zustellung an den Gläubiger erfolgen lassen wollen; vgl. § 909 Anm. 3 u. 4.

[18]) Queck 72; Stein-Jonas § 901 N. 12. A. M. Kleinfeller Lehrbuch S. 693.

allgemeinen und insbesondere für die Anordnung der Haft nach § 901 vorliegen. Ist das nicht der Fall, so ist, wenn nur die Voraussetzungen der Haftanordnung fehlen, ein neuer Termin zu bestimmen, zu dem der Schuldner neu zu laden ist, sonst aber der Antrag des Gläubigers auf Abnahme des Eides zurückzuweisen [19]). Erfolgt die Entscheidung erst nach dem Termin, so müssen diese Voraussetzungen im Termin bestanden haben, weil sonst der Schuldner zum Erscheinen nicht verpflichtet gewesen wäre, und zur Zeit der Anordnung der Haft noch bestehen, weil die Anordnung nicht erfolgen kann, wenn die Voraussetzungen dafür nicht mehr vorliegen [20]).

9 Nicht von Amts wegen zu beachten und deshalb kein Hindernis für die Anordnung der Haft ist ein vor, in oder nach dem Termin schriftlich eingegangener Widerspruch des Schuldners, denn soweit er sich auf von Amts wegen zu berücksichtigende Gründe stützt, sind diese sowieso zu beachten, und sonstige Einwendungen des Schuldners sind nur erheblich, wenn sie im Termin mündlich vorgebracht werden [21]).

10 Über die Kosten ist bei Anordnung der Haft nicht zu entscheiden, da die Haftanordnung keine ein Verfahren beendende Entscheidung ist, sondern nur die Fortführung des Verfahrens durch Ausübung eines Zwanges auf den Schuldner bezweckt [22]).

11 Bei Prüfung der Streitfrage, welche Rechtsbehelfe gegen die Anordnung der Haft zulässig sind [23]), ist zu unterscheiden, ob sich der Angriff gegen die Rechtmäßigkeit des Beschlusses selbst, also gegen seinen Bestand, richtet und die Beseitigung des Beschlusses bezweckt oder ob, ohne daß der Bestand des Beschlusses angefochten wird, nur seine weitere Vollziehung verhindert werden soll. Im ersteren Falle, also für Einwendungen gegen den Haftbefehl, ist das Rechtsmittel der sofortigen Beschwerde zulässig,

---

[19]) Francke 73 ff.; Schönfeld 27; Seuffert § 901 Anm. 3 f.; Förster-Kann § 900 Anm. 7 a; Stein-Jonas § 900 IV 3 a.

[20]) Es ist also nicht, wie Stein-Jonas § 901 N. 4 meint, nur der Zeitpunkt des Termins maßgebend.

[21]) Vgl. § 900 Anm. 23.

[22]) Vgl. III. Kap. 6. Abschn.

[23]) Vgl. Hoßfeld ZZP. 51, 134.

da der Haftbefehl nach dem vorstehend Ausgeführten eine Entscheidung, und zwar im Zwangsvollstreckungsverfahren, ist und bei der Zulässigkeit der Stellung des Haftantrages nach dem Termin ohne mündliche Verhandlung ergehen kann (§ 793)[24]. Einwendungen gegen den Haftbefehl und die darin liegende Entscheidung über die Eidespflicht sind also nach Ablauf der Beschwerdefrist im Rahmen des Offenbarungseidsverfahrens selbst dann nicht mehr möglich, wenn die ihnen zugrunde liegenden Tatsachen erst später entstanden sind[25]; hier bleibt vielmehr nur noch die Klage nach § 767[26]. Für Einwendungen gegen die Vollstreckung des Haftbefehls dagegen, also gegen bloße Vollstreckungshandlungen des Gerichtsvollziehers oder des Vollstreckungsgerichts, ist die Erinnerung nach § 766 der gegebene Rechtsbehelf[27]. Gegen den Haftbefehl selbst findet sie nicht statt, weil sie hier durch die Zulässigkeit der sofortigen Beschwerde ausgeschlossen ist[28]. Das hindert jedoch nicht, daß auf Grund derselben Tatsachen, z. B. der nachträglichen Leistung des Eides in anderer Sache (§ 903), der Schuldner sowohl den Bestand des Haftbefehls, falls dieser noch nicht rechtskräftig ist, mit der sofortigen Beschwerde als auch die Zulässigkeit seiner weiteren Vollstreckung mit der Erinnerung anfechten kann; doch ist der Erfolg der beiden Rechtsbehelfe nicht der gleiche, da die Erinnerung nicht, wie die sofortige Beschwerde, zur Aufhebung des Haftbefehls selbst führen kann[29]. Gegen die

---

[24]) Das ist jetzt wohl herrschende Ansicht. A. M. OLG. Breslau Rspr. 15, 17 u. Lobe SächsArchRpfl. 05, 117, die nur Erinnerung zulassen. Ebenso Menzel JurRdsch. 27, 308 für den Fall, daß der Schuldner wegen Krankheit ausgeblieben ist.

[25]) A. M. Kleinfeller Lehrbuch S. 693, der einen Widerspruch gemäß § 900 Abs. 3 noch nach Rechtskraft des Haftbefehls zulassen will.

[26]) Vgl. aber wegen späterer Leistung des Eides nach § 807 in anderer Sache Anm. 17.

[27]) Förster-Kann § 900 Anm. 8.

[28]) Vgl. III. Kap. 14. Abschn. Lubowski 36 will für den ausgebliebenen Schuldner (vgl. Anm. 1) die Erinnerung gegen den Haftbefehl zulassen.

[29]) Förster-Kann § 906 Anm. 2 b. A. M. Lubowski 40 für den Fall dauernder Unzulässigkeit der Vollziehung.

Zulässigkeit der sofortigen Beschwerde in diesem Fall ließe sich vielleicht einwenden, daß durch die nachträgliche Eidesleistung der Haftbefehl erledigt[30]), die Beschwerde also gegenstandslos geworden sei. Danach dürfte die Erinnerung hier jedenfalls richtiger sein. Doch ist zu bedenken, daß der Schuldner wegen § 915 noch ein Interesse an der formellen Beseitigung des Haftbefehls haben kann[31]).

12 Im Falle des § 776 ist trotz Zulässigkeit der sofortigen Beschwerde auch das Vollstreckungsgericht zur Aufhebung des Haftbefehls berechtigt oder verpflichtet.

13 Die Beschwerde gegen den Haftbefehl kann zunächst darauf gestützt werden, daß, ohne daß die Pflicht zur Eidesleistung bestritten wird, die besonderen Voraussetzungen des § 901 für die Anordnung der Haft nicht vorgelegen hätten[32]). Trifft das zu, dann hat das Beschwerdegericht lediglich den Haftbefehl aufzuheben. Vom Vollstreckungsgericht ist dann ein neuer Termin zur Eidesleistung anzusetzen, zu dem die Parteien zu laden sind. Die Beschwerde kann aber auch auf alle gegen die Pflicht zur Eidesleistung möglichen Einwendungen gestützt werden, soweit sie nicht schon im gleichen Verfahren rechtskräftig verworfen sind[33]); denn

---

[30]) Vgl. Anm. 17.

[31]) Vgl. III. Kap. 14. Abschn. N. 10 u. OLG. Düsseldorf JW. 28, 2734; KG. JW. 27, 2063; LG. Frankfurt a. M. FrankfAK. 3, 7; Fraeb Judicium 30, 182.

[32]) Das ist allgemein anerkannt.

[33]) Sehr streitig; wie hier OLG. Celle Rspr. 13, 223 u. Fraeb Judicium 30, 168. A. M. die OLG. Bamberg Rspr. 1, 210; Braunschweig Rspr. 5, 136; Frankfurt a. M. FrankfAK. 3, 6; Köln Rspr. 6, 143; Rostock Rspr. 27, 189 u. 29, 263 sowie LG. Gießen HessRspr. 29, 254; Schwalm 60; Siebe JW. 12, 734; Seuffert § 901 Anm. 4; Förster-Kann § 900 Anm. 8; Stein-Jonas § 901 IV 1 u. a., die, wenn vor Anordnung der Haft ein Widerspruch verworfen wurde, nur nach diesem Zeitpunkt entstandene Einwendungen zulassen wollen, während besonders das KG. Rspr. 13, 221; 19, 32; 20, 373; 22, 399 u. ZZP. 42, 196, auch OLG. Dresden JW. 25, 1528 u. OLG. Karlsruhe Rspr. 37, 186 u. Hein 584, überhaupt keine vor Erlaß des Haftbefehls entstandenen Einwendungen mehr für zulässig halten.

das Nichtvorbringen solcher Einwendungen im Termin schneidet dem Schuldner nicht die Geltendmachung seiner Einwendungen überhaupt, sondern nur das Recht auf eine besondere Entscheidung darüber nach § 900 Abs. 3 ab. Soweit solche Einwände mit der Beschwerde gegen den Haftbefehl erhoben werden, liegt kein Widerspruch im Sinne des § 900 Abs. 3 vor, denn dieser setzt die Geltendmachung der Einwendungen im Termin voraus. Die Einwendungen können vielmehr lediglich Gründe gegen die vom Beschwerdegericht nachzuprüfende Rechtmäßigkeit des Haftbefehls darstellen. Über sie hat also das Beschwerdegericht bei der Entscheidung über den Haftbefehl mit zu entscheiden; dagegen ist es nicht möglich, daß das Vollstreckungsgericht jetzt noch über die Einwendungen nach § 900 Abs. 3 entscheidet[34]). Das Beschwerdegericht darf also nicht die Entscheidung über die Beschwerde bis zur Entscheidung des Vollstreckungsgerichts über den angeblichen Widerspruch aussetzen[35]) oder gar, ohne die Einwendungen selbst zu prüfen, die Sache zur Entscheidung darüber an das Vollstreckungsgericht zurückverweisen, was stets die Aufhebung des Haftbefehls voraussetzen würde. Auch der Schuldner kann aber nach Erlaß des Haftbefehles nicht die Anberaumung eines neuen Termins und Ladung des Gläubigers beantragen, um nachträglich noch einen Widerspruch nach § 900 Abs. 3 zu erheben; denn mit dem Erlaß des Haftbefehls ist die mündliche Verhandlung über die Eidespflicht abgeschlossen, und dem Schuldner bleibt zur Geltendmachung von Einwendungen nur noch die Beschwerdeinstanz offen.

14 Hält das Beschwerdegericht die mit der Beschwerde gegen den Haftbefehl erhobenen Einwendungen gegen die Eidespflicht für begründet, so ist der Haftbefehl aufzuhebe·. und zugleich der

---

[34]) du Chesne SeuffBl. 71, 668; LG. Mannheim BadRPr. 26, 59. A. M. Fraeb Rechtsgang II 470; Queck 108. Auch RG. Recht 10 Nr. 152 u. 153 scheint noch nach der Verhaftung eine Entscheidung über einen Widerspruch nach § 900 Abs. 3 zu fordern.

[35]) So OLG. Dresden SeuffArch. 61, 378 u. Fraeb Rechtsgang II 470.

Antrag des Gläubigers auf Abnahme des Offenbarungseides zurückzuweisen. Diese Zurückweisung dem Vollstreckungsgericht zu überlassen wäre zwar nach § 575 zulässig, aber durchaus zwecklos, da die Entscheidung stets ohne weiteres durch das Beschwerdegericht zugleich mit der Entscheidung über den Haftbefehl erfolgen kann. Erscheinen dagegen die Einwendungen des Schuldners nicht begründet, so ist nicht etwa über einen Widerspruch zu entscheiden, sondern lediglich die Beschwerde gegen den Haftbefehl zurückzuweisen.

15 Nach Einlegung der Beschwerde können das Vollstreckungsgericht und das Beschwerdegericht die Aussetzung der Vollziehung anordnen.

16 Für die Erinnerung gegen die Zulässigkeit der Haftvollstreckung ist es unerheblich, ob der Haftbefehl rechtskräftig ist oder nicht. Sie kann aber niemals darauf gestützt werden, daß der Haftbefehl zu Unrecht bestehe, weil darüber nur auf sofortige Beschwerde gegen den Haftbefehl zu entscheiden ist. Mit der Erinnerung kann nur geltend gemacht werden, daß die Vollziehung oder weitere Vollziehung der Haft aus besonderen Gründen unzulässig sei. Solche Gründe sind außer den in §§ 904—906 verzeichneten die Erledigung des Haftbefehls [36]), die Unwirksamkeit der Verhaftung (§§ 909, 910), mangelnde Zahlung des Haftkostenvorschusses (§ 911 Satz 2, 3), Unzulässigkeit der Erneuerung der Haft (§ 911 Satz 4) und Vollziehung einer Haft von 6 Monaten (§§ 913, 914).

17 Erledigt wird der Haftbefehl in den Fällen, wo er außerhalb des Offenbarungseidsverfahrens zulässig ist, durch Vornahme der Handlung, zu deren Erzwingung er erlassen wurde, im Offenbarungseidsverfahren durch Leistung des Eides, den er erzwingen sollte, und zwar auch dann, wenn es zu einer Vollziehung des Haftbefehls nicht gekommen ist, weil der Schuldner den Eid nach Erlaß des Haftbefehls freiwillig oder im Falle des § 807 auf Zwang eines anderen Gläubigers in anderer Sache geleistet hat. Die Erledigung des Haftbefehls macht seine weitere Vollziehung ohne weiteres unzulässig [37]).

---

[36]) Vgl. Anm. 14.

[37]) Ebenso Lubowski 38 ff.

§ 902.

Der verhaftete Schuldner kann zu jeder Zeit bei dem Amtsgerichte des Haftorts beantragen, ihm den Eid abzunehmen. Dem Antrag ist ohne Verzug stattzugeben.

Nach Leistung des Eides wird der Schuldner aus der Haft entlassen und der Gläubiger hiervon in Kenntnis gesetzt.

Übersicht der Anmerkungen:

A. Eidesleistung des verhafteten Schuldners, Anm. 1—5.

B. Eidesleistung nach Anordnung der Haft, aber vor Verhaftung des Schuldners, Anm. 6—8.

1 Nach dieser Bestimmung, die nach § 889 Abs. 2 auch für den Offenbarungseid auf Grund bürgerlich-rechtlicher Verpflichtung gilt, ist für die Abnahme des Eides nach der Verhaftung des Schuldners stets das Amtsgericht des Haftortes zuständig, auch wenn dies nicht das Vollstreckungsgericht ist. In diesem Falle stellt sich die Abnahme des Eides als ein Akt der Rechtshilfe dar, der wegen der Dringlichkeit ausnahmsweise nicht von einem vorherigen Ersuchen des an sich zuständigen Gerichts abhängig ist [1]). Das Gericht des Haftortes, das den Haftbefehl nicht erlassen hat, wird also dadurch nicht zum Vollstreckungsgericht und darf daher weder über Einwendungen des Schuldners gegen seine Pflicht zur Eidesleistung oder gegen den Haftbefehl, dessen Vollziehung es nach § 572 Abs. 2 auch nicht aussetzen kann, noch über Erinnerungen gegen die Vollstreckung der Haft entscheiden [2]), soweit sich nicht die Unwirksamkeit der Verhaftung aus einem von Amts wegen zu beachtenden Grunde (§§ 904—906, 909—911) ergibt. Es hat auch nicht die Eidesleistung in das bei ihm geführte Verzeichnis nach § 915 aufzunehmen, sondern hat die bei ihm ergangenen Akten alsbald nach der Eidesleistung dem Vollstreckungsgericht zu übersenden, wo die in § 915 vorgeschriebene Eintragung zu bewirken ist.

---

[1]) Vgl. Schönfeld 30 ff.

[2]) Förster-Kann § 902 Anm. 1 b.

2 Die Abnahme des Eides setzt voraus, daß der Schuldner zur Leistung des Eides fähig ist. Dazu gehört im Falle des § 807 auch die Vorlegung eines ordnungsmäßigen Vermögensverzeichnisses; denn wer ein solches nicht vorlegt, kann nicht schwören, daß er sein Vermögen vollständig angegeben habe[3]).

3 Der Eid ist dem Schuldner, wenn er es beantragt, ohne Verzug abzunehmen, d. h. nicht sofort, sondern sobald das Gericht dazu in der Lage ist. Der Schuldner kann also nicht verlangen, daß ihm der Eid nachts abgenommen wird, wenn der Richter nicht zu erreichen ist, oder daß eine Verhandlung, die der einzige Richter führt, zum Zwecke der Abnahme des Eides unterbrochen wird. Das Gericht hat aber auf die Dringlichkeit der Haftentlassung möglichste Rücksicht zu nehmen und minder wichtige Geschäfte zurückzustellen; bei Behinderung des an sich zuständigen Richters muß die Abnahme, wenn das möglich ist, durch seinen Vertreter erfolgen[4]).

4 Eine Zuziehung des Gläubigers ist nur zulässig, wenn sie nicht zu einer Verzögerung der Eidesabnahme führt[5]). Die Ladung des Gläubigers ist also für die Wirksamkeit der Eidesabnahme nicht unbedingt erforderlich, so daß es ihrer in keinem Falle bedarf. Das ergibt sich auch schon daraus, daß Ladungen überhaupt nur zu Terminen ergehen, im Falle des § 902 aber dem Schuldner der Eid ohne weiteres abgenommen wird, ohne daß erst noch eine Terminsbestimmung zu erfolgen hätte. Das führt allerdings dazu, daß der Gläubiger überhaupt kein unbedingtes Recht auf Anwesenheit bei der Abnahme des Eides hat. Für den weitaus häufigsten Fall des § 807 folgt das aber schon aus § 903, wonach der Gläubiger auch die Leistung eines Eides gegenüber einem anderen Gläubiger ohne sein Beisein gegen sich gelten lassen muß.

5 Durch die Leistung des Eides erlischt von selbst die weitere Vollstreckungswirkung des Haftbefehls, der die Haft nur zur Erzwingung der Eidesleistung, also auch nur bis zum Zeitpunkt der

---

[3]) Vgl. § 807 Anm. 29.

[4]) Förster-Kann § 902 Anm. 1.

[5]) Neumann Recht 10, 412; Schwalm 65; Stein-Jonas § 902 I. A. M. Rosenberg Lehrb. S. 650.

Eidesleistung, anordnet. Der Schuldner erlangt also durch die Eidesleistung seine Freiheit wieder und wäre deshalb nach der Eidesleistung zu entlassen, auch wenn dies in Abs. 2 nicht besonders bestimmt wäre. Einer besonderen Entscheidung über die Haftentlassung bedarf es in diesem Falle nicht; es kann aber auch, vom Falle einer noch unerledigten Beschwerde abgesehen, keine weitere Entscheidung über die Fortsetzung der Haft, also weder die Aufhebung des Haftbefehles [6]) noch die Einstellung seiner Vollziehung durch das Vollstreckungsgericht — erst recht nicht durch das Gericht des Haftortes, wenn dies ein anderes ist, — erfolgen. Gegen die Entlassung des Schuldners nach der Eidesleistung steht dem Gläubiger, da sie weder eine Entscheidung noch eine Vollstreckungshandlung darstellt, weder die Beschwerde noch die Erinnerung zu [7]). Dagegen kann er gegen die Abnahme des Eides [8]) oder Entlassung des Schuldners vor Leistung des Eides nach § 766 Erinnerung einlegen, falls die Entlassung nicht auf Grund einer beschwerdefähigen Entscheidung des Vollstreckungsgerichts erfolgte. Nach der Abnahme des Eides, mit der das Vollstreckungsverfahren beendet ist, soweit nicht noch eine Entscheidung über Rechtsmittel oder Rechtsbehelfe ergehen kann, sind dem Gläubiger die überreichten Vollstreckungsurkunden zurückzugeben. Zugleich ist er, wie Abs. 2 ausdrücklich hervorhebt, von der Eidesleistung und der Entlassung des Schuldners aus der Haft in Kenntnis zu setzen. Gegen eine unzulässige Wiederverhaftung kann sich der Schuldner dadurch schützen, daß er sich eine Abschrift des Protokolls über die Eidesleistung erteilen läßt [9]).

6 Erklärt sich der Schuldner nach Erlaß, aber vor Vollstreckung des Haftbefehls zur Leistung des Eides bereit, so ist ihm in entsprechender Anwendung von § 902 das Recht zuzubilligen, die

---

[6]) A. M. Kleinfeller Lehrb. S. 695; Fraeb Judicium 30, 181.

[7]) OLG. Dresden Rspr. 10, 396; Förster-Kann § 902 Anm. 1 d; Stein-Jonas § 902 N. 3.

[8]) Vgl. § 903 Anm. 5.

[9]) Hörle ZZP. 40, 279; Förster-Kann § 902 Anm. 1 c. Vgl. aber Herz ZZP. 38, 353.

Abnahme des Eides zu beantragen[10]), denn es wäre widersinnig, wenn sich der Schuldner schon dem in der Anordnung der Haft liegenden Zwange fügen will, noch die Anwendung weiteren Zwanges durch Vollziehung der Haft zu fordern. Der Antrag ist aber in diesem Falle stets an das Vollstreckungsgericht zu richten, auch wenn die Verhaftung voraussichtlich im Bezirk eines anderen Gerichts erfolgen müßte; denn dieses wird erst durch die Verhaftung mit der Sache befaßt. Das Vollstreckungsgericht kann aber auch jetzt noch ein anderes Gericht nach § 479 um die Abnahme des Eides ersuchen.

7 Der Eid kann auch in diesem Falle ohne Bestimmung eines besonderen Termins und demzufolge ohne Ladung des Gläubigers abgenommen werden, da dieser nach dem oben Ausgeführten kein unbedingtes Recht auf Anwesenheit im Termin hat[11]); es ist jedoch auch zulässig, daß das Gericht bei der hier fehlenden Dringlichkeit erst einen Termin zur Abnahme des Eides bestimmt, zu dem dann beide Parteien fristgemäß von Amts wegen zu laden sind (§§ 217, 497). Die vorherige Vollstreckung des Haftbefehls wird dadurch nicht ausgeschlossen, auch wird dem Schuldner durch die Terminsbestimmung nicht noch einmal die Möglichkeit eröffnet, einen Widerspruch nach § 900 Abs. 3 zu erheben, der neue Termin ist vielmehr ausschließlich zur Abnahme des Eides bestimmt. Das muß auch gelten, wenn nach Erlaß des Haftbefehles der Gläubiger die Be-

---

[10]) KG. Rspr. 14, 190 u. 192; Förster-Kann § 902 Anm. 2; Stein-Jonas § 902 II u. a. A. M. Epstein DJZ. 02, 271; Herz ZZP. 38, 351; Krech Gruch. 26, 271 ff.

[11]) KG. Rspr. 14, 192; Schönfeld 26; Warschauer LeipzZ. 10, 748; Hellwig-Oertmann II 287; Falkmann 987; Sydow-Busch § 902 Anm. 1. A. M. OLG. Dresden Rspr. 25, 221; KG. Rspr. 14, 190; Heilfron-Pick Lehrb. II 415; Hein 585; Heinemann LeipzZ. 26, 363; Pape Gerichtspraxis 286; Püschel DJZ. 28, 166; Francke 70; Schumann 119; Schwalm 66; Warschauer ZZP. 44, 175; Baumbach § 902 Anm. 1 B; Förster-Kann § 902 Anm. 2; Stein-Jonas § 902 II, während Lubowski 46 ff. u. Neumann DJZ. 40, 699 ff. die Ladung des Gläubigers nur dann für entbehrlich halten, wenn er schon in dem ersten zur Eidesleistung bestimmten Termin nicht erschienen war.

stimmung eines neuen Termins zur Leistung eines Eides durch den nunmehr dazu bereiten Schuldner beantragt, denn mit dem Erlaß des Haftbefehls ist die mündliche Verhandlung über die Eidespflicht endgültig abgeschlossen[12]).

8 Zu beachten ist, daß die Abnahme des Eides, auch wenn sich der Schuldner vor der Verhaftung freiwillig dazu erbietet, nur dann erfolgen darf, wenn der Vollstreckungstitel dem Gericht vorliegt, da auch vor der Eidesabnahme die Zulässigkeit dieser Vollstreckungshandlung erneut zu prüfen ist.

§ 903.

Ein Schuldner, welcher den in § 807 erwähnten Offenbarungseid geleistet hat, ist zur nochmaligen Leistung des Eides auch einem anderen Gläubiger gegenüber nur verpflichtet, wenn glaubhaft gemacht wird, daß er später Vermögen erworben habe.

Diese Vorschrift findet keine Anwendung, wenn seit der Eidesleistung 5 Jahre verstrichen sind.

Übersicht der Anmerkungen:

A. Keine Berücksichtigung früherer Eidesleistung von Amts wegen, Anm. 1—3.

B. Voraussetzungen für die Zulässigkeit der Berufung auf eine frühere Eidesleistung, Anm. 4—8.

C. Verpflichtung zur Wiederholung der Eidesleistung, Anm. 9—10.

1 Die Frage, ob diese Bestimmung ein von Amts wegen zu beachtendes Hindernis für die Abnahme des Offenbarungseides darstellt oder dem Schuldner nur ein Recht gibt, der Pflicht zur Eidesleistung zu widersprechen, ist eine der umstrittensten auf dem ganzen Gebiete des Offenbarungseidsverfahrens[1]). Der Wortlaut der Bestimmung gibt für ihre Lösung keinen Anhalt, und auch aus ihrem Zweck ist dafür nichts zu entnehmen. Der erkennbare

[12]) Vgl. § 901 Anm. 8 u. 11.

[1]) Vgl. dazu auch die ausführliche Stellungnahme bei Stein-Jonas § 903 I.

Zweck des Gesetzes ist nur der, daß der Schuldner nicht gezwungen werden sollte, nachdem er einmal sein ganzes Vermögen offenbart hätte, dies nun jedem Gläubiger gegenüber zu wiederholen. Ob damit aber im Interesse der Allgemeinheit die Wiederholung zweckloser Eidesleistungen vermieden oder der Schuldner nur in seinem eigenen Interesse vor der Gefahr der wiederholten Anwendung des Eideszwanges bewahrt werden sollte, bleibt eine offene Frage. Nach den Anschauungen, aus denen heraus das Gesetz geschaffen ist, muß sogar mit ziemlicher Wahrscheinlichkeit angenommen werden, daß nur eine Bestimmung zum Schutze des Schuldners getroffen werden sollte [2]). Die Notwendigkeit der Berücksichtigung einer früheren Eidesleistung von Amts wegen läßt sich also nicht, wie es seitens ihrer Befürworter meist geschieht, damit rechtfertigen, daß § 903 im öffentlichen Interesse erlassen wäre und der Schuldner auf den ihm dort gewährten Schutz nicht wirksam verzichten könne. Tatsächlich liegt auch die Bedeutung der Vorschrift im wesentlichen darin, daß der Schuldner dadurch vor Anwendung erneuten Eideszwanges geschützt wird.

2 Eher erscheint die Stellung der Vorschrift im Gesetz entscheidend. Hätte § 903 ein von Amts wegen zu beachtendes Hindernis für die Abnahme des Eides begründen wollen, dann hätte diese Bestimmung die Voraussetzungen über die Pflicht zur Eidesleistung berührt und nicht hierher gehört, sondern dorthin, wo diese Voraussetzungen umschrieben sind, nämlich unmittelbar hinter § 807. Wenn § 903 wörtlich als zweiter Absatz dem § 807 angefügt wäre, könnte es auch keinem Zweifel unterliegen, daß eine frühere Eidesleistung ohne die hier vorgesehene Glaubhaftmachung einen neuen Antrag ausschlösse und deshalb von Amts wegen zu berücksichtigen wäre. Damit würde aber die Nichtleistung eines früheren Eides zur Voraussetzung für die Zulässigkeit des Antrages auf Abnahme des Eides, die also der Gläubiger in jedem Falle zu beweisen hätte, und das wäre praktisch oft vollkommen unmöglich. Auch dürfte dem Schuldner, der den Eid einmal ge-

---

[2]) Dafür spricht auch S. 2071 der nordd. Protokolle, wonach durch die Bestimmung hauptsächlich die Anwendung der Haft beschränkt werden sollte.

leistet hat, vor Ablauf der Schutzfrist oder Glaubhaftmachung neuen Vermögenserwerbs der Eid selbst dann nicht nochmals abgenommen werden, wenn seine Eidespflicht rechtskräftig festgestellt und die frühere Eidesleistung dem Gericht nicht bekannt ist. Das wäre aber offenbar widersinnig. Deshalb hat der Gesetzgeber darauf verzichtet, die Bestimmung unter die Voraussetzungen über die Eidespflicht aufzunehmen, und, wie ihre Stellung unter den Verfahrensvorschriften beweist, dem Schuldner nur einen Einwand gegen den Zwang zur Eidesleistung gewähren wollen. Für die Richtigkeit dieser Ansicht spricht auch die Erwägung, daß durch § 903 die Gläubiger eines Schuldners hinsichtlich ihres Anspruches auf Leistung des Offenbarungseides nach § 807 Gesamtgläubigern im bürgerlichen Recht gleichgestellt sind und daß die Leistung des Eides gegenüber einem Gläubiger sich als Befriedigung der übrigen hinsichtlich ihres prozessualen Anspruches auf Leistung des Offenbarungseides darstellt, eine Befriedigung aber in der Regel nur dann zu berücksichtigen ist, wenn sie vom Schuldner behauptet und bewiesen wird [3]).

Die frühere Eidesleistung des Schuldners ist also, auch wenn sie vom Gläubiger selbst vorgebracht wird oder dem Gericht bekannt ist, nicht von Amts wegen zu berücksichtigen, auch wenn kein neuer Vermögenserwerb glaubhaft gemacht ist, und das Gericht kann eine solche Glaubhaftmachung auch nicht von Amts wegen fordern [4]).

[3]) So auch Weigelin LeipzZ. 30, 98. Doch ist dieser Grund allein nicht entscheidend, weil die Befriedigung auch dann im Prozeß zu beachten ist, wenn der Berechtigte selbst sie vorbringt, RGZ. 83, 160.

[4]) OLG. Dresden SächsOLG. 14, 276; OLG. Frankfurt JW. 29, 1672; KG. Rspr. 13, 221; 20, 373; 22, 399; ZZP. 42, 196; DJZ. 10, 1237; Lubowski 28; Queck 23; Siebe JW. 12, 734 ff.; Weigelin LeipzZ. 30, 98; Stein-Juncker Grundriß der ZwV. 397; Pape Gerichtspraxis 287; Stein-Jonas § 903 I; Sydow-Busch § 900 Anm. 8; Jaeger Komm. z. KO. § 125 Anm. 6. A. M. die OLG. Bamberg Rspr. 1, 210; Braunschweig Rspr. 5, 136; Darmstadt HessRspr. 10, 36; Dresden SeuffArch. 61, 378, JW. 25, 1528 u. SächsArchRpfl. 29, 442; Karlsruhe BadRPr. 06, 52; Köln Rspr. 6, 142; Stuttgart Recht 30, 325; LG. Nürnberg JW. 26, 2596; du Chesne SeuffBl. 71, 668; Hein 572;

3 Gibt aber § 903 dem Schuldner nur einen Einwand, so muß dieser, wenn er sich gegen die Eidespflicht richtet, genau wie jeder andere Einwand in beachtlicher Form vorgebracht werden, also entweder als Widerspruch mündlich im Termin (§ 900 Abs. 3) oder mit der Beschwerde gegen die Verwerfung des Widerspruches oder gegen den Haftbefehl. Eine anderweite schriftliche Berufung des Schuldners auf § 903 dagegen ist unbeachtlich. § 903 soll jedoch den Schuldner, wie sich aus der Stellung hinter §§ 901 und 902 ergibt, nicht nur gegen die Heranziehung zur erneuten Eidesleistung, sondern vor allem gegen den Vollzug des Haftzwanges schützen und gibt ihm daher das Recht, selbst nach Rechtskraft des Haftbefehls noch die Unzulässigkeit des Haftzwanges auf Grund des § 903 im Wege der Erinnerung gegen den Haftvollzug geltend zu machen, jedoch nicht, wenn die Berufung des Schuldners auf § 903 schon in demselben Verfahren rechtskräftig zurückgewiesen ist oder der frühere Eid vor Erlassung des Haftbefehls geleistet wurde; denn der Einwand berührt in diesem Falle zugleich die Pflicht zur Eidesleistung und wird daher durch die im Haftbefehl enthaltene Entscheidung über die Eidespflicht ausgeschlossen.

4 Nur die Leistung des Offenbarungseides nach § 807 begründet den Einwand aus § 903, also nicht die Leistung eines Eides nach § 883, aber auch nicht die Leistung anderer Offenbarungseide, die ihrem Inhalte nach dem in § 807 normierten gleich oder ähnlich sind, wie die Leistung des Eides nach 125 KO. [5]), nach § 50 der früheren GeschABO., nach § 61 Abs. 3 VerglO. [6]), nach § 298 RAbgO. [7]), oder Offenbarungseide, die etwa landesrechtlich im

---

Hellwig-Oertmann II 288; Hörle ZZP. 40, 279; Kraus SeuffBl. 71, 371 ff.; Model JW. 28, 2734; Rosenberg Lehrb. S. 650; Schwalm 31 u. 84; Fraeb Judicium 30, 175; Baumbach § 903 Anm. 1; Förster-Kann § 903 Anm. 1; Seuffert § 903 Anm. 1; Heilfron-Pick Lehrb. II 416; unklar Schumann S. 93 u. 94.

[5]) OLG. Jena LeipzZ. 27, 482; KG. Rspr. 20, 373; Lubowski 29; Schumann 89; Schwalm 81; Jaeger Komm. z. KO. § 125 Anm. 5; Seuffert § 903 Anm. 3; Förster-Kann § 903 Anm. 4; Stein-Jonas § 903 N. 4. A. M. Citron KGBl. 11, 2.

[6]) Mayer Komm. z. VerglO. § 61 Anm. 10; Schwalm 81.

[7]) LG. II Berlin GuR. 29, 372; Israel KGBl. 28, 13; Blancke

Verwaltungszwangsverfahren gefordert werden können, und zwar auch dann nicht, wenn sie vor einem Amtsgericht geleistet werden [8]); denn dieses wird in den letzten beiden Fällen nur als Rechtshilfeorgan in dem Verwaltungszwangsverfahren tätig und hat auch die bei ihm ergangenen Akten mit dem Vermögensverzeichnis nach Abnahme des Eides dem Finanzamt oder der Verwaltungsbehörde zu übersenden [9]). Selbst wenn dies aber nicht geschieht, bilden diese Akten ebenso wie die Akten über das Verfahren in den anderen erwähnten Fällen keine Zivilprozeßakten, sie sind also den Privatgläubigern des Schuldners nicht wie die Akten über die Leistung eines Offenbarungseides nach § 807 ZPO. zugänglich, und es wäre eine unbillige Härte, wenn diese Gläubiger die Leistung eines Eides gegen sich gelten lassen müßten, von dessen Inhalt sie keine Kenntnis erlangen können. Die Leistung dieser Eide wird demgemäß auch nicht in das Verzeichnis nach § 915 eingetragen.

5 Auf die frühere Eidesleistung kann sich der Schuldner nur berufen, wenn sie wirksam erfolgt ist. Die Unwirksamkeit der Eidesleistung wird vielfach mit Unrecht in allen Fällen angenommen, wo bewiesen oder gar nur glaubhaft gemacht wird, daß das vorgelegte Verzeichnis nicht vollständig war. Dieser Umstand allein kann jedoch auf die Wirksamkeit der Eidesleistung um so weniger Einfluß haben, als nach § 807 gar nicht die objektive Vollständigkeit des Verzeichnisses beschworen wird. Absolut unwirksam ist vielmehr die Leistung des Eides nur dann, wenn sie nicht vor einem Richter oder nicht in der nach §§ 481—484 vorgeschriebenen Art erfolgt ist, wenn insbesondere der nicht stumme Schwurpflichtige die Eidesformel nicht selbst gesprochen hat oder, ohne einer der in § 484 bezeichneten Religionsgesellschaften anzugehören, an Stelle des Eides nur eine Beteuerungsformel gebraucht hat, endlich dann, wenn er bei der Leistung des Eides ausdrücklich einen unzulässigen

DRZ. 29, 264; Fraeb Judicium 30, 182; Schwalm 79. A. M. Gunzenhäuser BayZ. 28, 88. Vgl. auch N. 8.

[8]) A. M. in diesem Fall für den Eid nach § 298 RAbgO. Schumann 27; Apelt DRZ. 29, 422; Jacobsohn JW. 27, 1749, dieser jedoch nur, wenn die Akten späteren Gläubigern zugänglich gemacht werden.

[9]) A. M. Jacobsohn a. a. O.

Vorbehalt gemacht oder eine mit dem Inhalt des Eides unvereinbare Erklärung abgegeben hat. In allen übrigen Fällen aber kann keine Rede davon sein, daß der Leistung des Eides jede Wirkung abgehe. Man muß dabei im Auge behalten, daß die Leistung des Eides nicht nur durch eine Handlung des Schuldners erfolgen kann, sondern nach § 481 die Mitwirkung des Richters, die Eidesabnahme, erfordert. Diese Eidesabnahme ist eine Vollstreckungshandlung, die, wenn sie in gehöriger Form geschieht, alle an ihre Vornahme geknüpften formellen Wirkungen hat, auch wenn sie nicht hätte erfolgen dürfen, solange dies nicht in zulässiger Weise geltend gemacht wird. Auch die vor einem unzuständigen Richter [10]) oder zur unrechten Zeit, namentlich vor der Vorlegung eines ordnungsmäßigen Vermögensverzeichnisses nach § 807 oder vor rechtskräftiger Feststellung der Eidespflicht, geschehene Eidesabnahme ist wirksam, solange sie nicht angefochten wird. Sie begründet also die Strafbarkeit des Schuldners, wenn der Eid falsch war, sie erzeugt aber auch alle prozessualen Wirkungen, die an die Abnahme des Eides geknüpft sind: sie beendet die Wirksamkeit des Haftbefehls, sie führt zur Eintragung des Schuldners in das Verzeichnis nach § 915, und sie gibt dem Schuldner das Recht, die nochmalige Leistung des Eides nach § 903 zu verweigern. Die Beseitigung dieser prozessualen Wirkungen ist möglich, kann aber nur durch Anfechtung der sie begründenden Vollstreckungshandlung auf dem prozessual zulässigen Wege erfolgen; das ist, da die Abnahme des Eides keine Entscheidung darstellt, die Erinnerung nach § 766 [11]). Diese Erinnerung steht außer dem Schuldner, wenn er sich durch die Abnahme des Eides beschwert fühlt, auch jedem Gläubiger zu, der durch eine anfechtbare Eidesabnahme nach § 903 betroffen wird. Solange sie aber nicht durchgeführt ist, bleibt die frühere Eidesleistung wirksam und deshalb, wenn sie vom Schuldner eingewendet wird, ein Hindernis für die erneute Anwendung des Eideszwanges. Die Erinnerung gegen die Abnahme des Eides kann aber nur von

---

[10]) A. M. OLG. Frankfurt JurRdsch. 13, 202; LG. Hamburg HansGZ. 29 B 287; Stein-Jonas § 903 N. 5.

[11]) Ohne Grund erklärt OLG. Dresden Rspr. 10, 397 eine Anfechtung der Eidesabnahme für unzulässig.

Erfolg sein, wenn das Verfahren des Gerichts bei der Eidesabnahme ein ordnungswidriges war, und bei Unvollständigkeit des Vermögensverzeichnisses ist die Abnahme nur dann ordnungswidrig, wenn der Richter bei pflichtmäßiger Prüfung des Verzeichnisses die Unvollständigkeit erkennen konnte. Nur in diesem Falle kann also der Gläubiger die Abnahme des Eides wegen der Unvollständigkeit des Verzeichnisses anfechten, und erst wenn auf die Erinnerung — sei es des Schuldners selbst oder eines Gläubigers — die Abnahme des Eides für unwirksam erklärt wird, fallen die prozessualen Wirkungen der Eidesabnahme, aber auch nur diese, wieder fort. Der Schuldner ist also in dem Verzeichnis nach § 915 zu löschen, der durch die Eidesleistung außer Kraft getretene Haftbefehl kann wieder vollstreckt werden[12]), und der Schuldner kann sich nicht mehr nach § 903 auf die frühere Eidesleistung berufen. Es erscheint danach nicht zutreffend, wenn die gemeine Meinung ohne weiteres annimmt, der bloße Nachweis oder gar nur die Glaubhaftmachung der Unrichtigkeit des früheren Vermögensverzeichnisses genüge, um der früheren Eidesleistung ihre Wirkung zu nehmen[13]). Nur wenn der Schuldner wegen Verletzung der Eidespflicht bei der früheren Eidesleistung rechtskräftig verurteilt worden ist, wird man in entsprechender Anwendung des Rechtsgedankens, der in den an sich im Offenbarungseidsverfahren nicht anwendbaren §§ 580 Ziff. 4, 581 zum Ausdruck gekommen ist, dem Schuldner die Berufung auf die frühere Eidesleistung versagen müssen. Außerdem müssen selbstverständlich durch einen Widerruf, der dem Eid nach § 163 Abs. 2 StGB. seine strafrechtliche Wirksamkeit nehmen kann, auch die darauf gegründeten prozessualen Wirkungen wieder beseitigt werden.

6 Wird nach einer unwirksamen Eidesleistung die nochmalige

---

[12]) A. M. OLG. Dresden Rspr. 10, 396.

[13]) Vgl. Stein-Jonas § 903 N. 6. Das KG. will die bei der ersten Eidesleistung nicht angegebenen Gegenstände als später neu erworbenes Vermögen betrachten, was aber mit dem Sinn dieser Worte offensichtlich unvereinbar ist. Vgl. auch Warschauer ZZP. 42, 438. Wie hier nur OLG. Hamburg Rspr. 15, 20 u. Heilfron-Pick Lehrb. II 416.

Leistung des Eides von demselben Gläubiger gefordert, auf dessen Antrag der unwirksame Eid geleistet wurde, so bedarf es nicht der Einleitung eines neuen Verfahrens, das frühere ist vielmehr fortzusetzen[14]).

7 Ohne Einfluß auf die Berechtigung des Einwandes aus § 903 ist es, ob die frühere Eidesleistung in das Verzeichnis nach § 915 eingetragen ist.

8 Hat der Schuldner mehrere gesetzliche Vertreter, so kann sich, wenn nicht alle den Eid geleistet haben, jeder auf den von ihm, aber keiner auf den von einem anderen geleisteten Eid berufen, denn zur Eidesleistung ist jeder verpflichtet, aber jeder nach § 903 nur einmal[15]). Ein Wechsel in der Person des gesetzlichen Vertreters begründet keine Pflicht zur erneuten Leistung des Eides.

9 Trotz wirksamer früherer Eidesleistung kann der Eid erneut gefordert werden, wenn der Schuldner inzwischen neues Vermögen erworben hat, da dann das vorzulegende Verzeichnis einen anderen Inhalt haben muß. Für den neuen Vermögenserwerb begründet Abs. 2 eine unwiderlegliche Vermutung, wenn seit der früheren Leistung des Eides 5 Jahre verstrichen sind; der Schuldner kann also dann nicht einwenden, daß sich seine Verhältnisse nicht geändert hätten. Vor Ablauf der Frist aber muß der Gläubiger, wenn sich der Schuldner auf die frühere Eidesleistung beruft, einen neuen Vermögenserwerb des Schuldners darlegen. Da er einen Beweis dafür oft schwer führen kann, läßt das Gesetz ausdrücklich Glaubhaftmachung zu, die nach § 294 mit allen bereiten Beweismitteln mit Ausnahme der Eideszuschiebung erfolgen kann. Der Vermögenserwerb kann auch ohne weiteres aus den persönlichen Verhältnissen des Schuldners zu schließen sein[16]); so ist bei Personen,

---

[14]) OLG. Breslau Rspr. 6, 145; Falkmann 980. A. M. OLG. Dresden Rspr. 10, 396; OLG. Kiel Rspr. 10, 395; Hein 592; Schwalm 68; Stein-Jonas § 903 II; Förster-Kann § 903 Anm. 5 mit der merkwürdigen, eigentlich gegen ihn sprechenden Begründung, da ja die frühere Eidesleistung unwirksam sei, werde im Grunde nicht nochmalige, sondern erstmalige Eidesleistung verlangt. Vgl. auch Anm. 13.

[15]) Vgl. Bondi ZZP. 32, 235.

[16]) Förster-Kann § 903 Anm. 1a.

die das Entgelt für ihre Tätigkeit nicht sofort zu erhalten pflegen, wie Provisionsagenten, aber auch Ärzten und Anwälten, nach Fortsetzung ihrer Berufstätigkeit der Erwerb neuen Vermögens in Gestalt von Außenständen in der Regel anzunehmen [17]). Im allgemeinen genügt es aber nicht, daß der Schuldner seit der früheren Eidesleistung erwerbstätig gewesen ist [18]), denn sein dadurch erzieltes Einkommen kann und wird er häufig wieder verbraucht haben [19]). Vermögen aber hat nur erworben, wer in den Besitz von Mitteln gelangt ist, aus denen sich der Gläubiger möglicherweise befriedigen könnte; denn nur das ist der Zweck des Offenbarungseides. Es muß sich also um pfändbares Vermögen handeln, wenn die Ausnahme von § 903 gegeben sein soll. Diese Einschränkung ist zwar im Gesetz nicht ausdrücklich gemacht, aber durch den Sinn der Bestimmung geboten [20]). Daher wird es in der Regel nicht genügen, wenn nur der Umsatz von Vermögensstücken glaubhaft gemacht wird [21]).

10 Der Umstand, daß der Schuldner nach der früheren Eidesleistung ein neues Dienstverhältnis eingegangen sei und hieraus Lohn- oder Gehaltsansprüche erworben habe, die als neues Vermögen anzusehen seien, genügt also zur Begründung des neuen Antrages nur, wenn anzunehmen ist, daß diese Ansprüche nach § 850 mindestens teilweise der Pfändung unterworfen sind. Diese Frage wird, wenn die Zwangsvollstreckung wegen der Unterhaltsansprüche der in § 850 Abs. 4 genannten Personen erfolgen soll, in der Regel auch dann zu bejahen sein, wenn sie einem anderen Gläubiger gegenüber verneint werden müßte [22]).

11 Wird der Erwerb neuen Vermögens glaubhaft gemacht, so kann sich der Schuldner der Verpflichtung zur nochmaligen Eides-

---

[17]) LG. I Berlin Goldmann 382.
[18]) OLG. Rostock Rspr. 27, 189.
[19]) OLG. Hamburg Rspr. 21, 92; KG. Rspr. 14, 194.
[20]) Schwalm 73; Förster-Kann § 903 Anm. 1 a; Stein-Jonas § 903 III.
[21]) OLG. Dresden SächsArchRpfl. 29, 442. Vgl. aber OLG. Dresden Rspr. 37, 188; LG. Hamburg HansGZ. 28 B 288.
[22]) KG. JW. 30, 1014.

leistung nicht dadurch entziehen, daß er glaubhaft macht oder nachweist, daß er dies neu erworbene Vermögen nicht mehr besitzt[23]).

12 Die neue Eidesleistung auf Grund des § 903 ist eine neue selbständige Zwangsvollstreckung. Sie setzt daher einen neuen Antrag des Gläubigers voraus, der dabei auch wieder die Voraussetzungen für die Pflicht zur Eidesleistung nach § 807 nachzuweisen hat[24]). Durch die Glaubhaftmachung des neuen Vermögenserwerbs wird dabei in der Regel die Glaubhaftmachung ausgeschlossen werden, daß der Gläubiger durch Pfändung keine Befriedigung erlangen könne, und deshalb in diesem Fall stets der Nachweis erforderlich sein, daß eine Pfändung tatsächlich erfolglos versucht worden ist. Der Zeitpunkt dieser Pfändung aber ist gleichgültig, es genügt daher auch schon eine vor der ersten Eidesleistung erfolgte, und eine erneute Pfändung ist nicht erforderlich[25]).

13 Durch den neuen Antrag nach wirksamer Eidesleistung wird ein neues Verfahren eingeleitet[26]), für das sich die Zuständigkeit nach § 899 zur Zeit seiner Einleitung regelt und in dem der Schuldner auch wieder nach § 900 Abs. 3 Widersprüche gegen die Pflicht zur Eidesleistung erheben kann, und zwar auch solche, die schon in den früheren Verfahren demselben Gläubiger gegenüber rechtskräftig verworfen worden waren, denn die Rechtskraft dieser Entscheidungen erstreckt sich nicht über das Verfahren hinaus, in dem sie ergehen.

14 Statt der neuen Eidesleistung ist eine Bezugnahme auf den früheren Eid nicht zulässig[27]), weil § 398 Abs. 3 nur für Zeugen gilt und ferner voraussetzt, daß die frühere Eidesleistung im gleichen Verfahren wirksam erfolgt ist, was bei der erneuten Leistung des Offenbarungseides niemals der Fall sein kann.

---

[23]) OLG. München BayZ. 28, 313.

[24]) Schellmann DJZ. 10, 1463; Förster-Kann § 903 Anm. 1 b. A. M. Queck 105.

[25]) Friedländer Gruch. 32, 588; vgl. auch § 807 Anm. 10.

[26]) A. M. Fabian DJZ. 10, 1292, falls derselbe Gläubiger den Eid zum zweiten Male fordert. Vgl. auch Anm. 6.

[27]) OLG. Breslau Rspr. 29, 260; Stein-Jonas § 903 N. 66.

§ 904.

Die Haft ist unstatthaft:

1. gegen Mitglieder des Reichstags oder eines Landtags während der Tagung, sofern nicht die Versammlung die Vollstreckung genehmigt;
2. gegen Militärpersonen, welche zu einem mobilen Truppenteil oder zur Besatzung eines in Dienst gestellten Kriegsfahrzeugs gehören;
3. gegen den Schiffer, die Schiffsmannschaft und alle übrigen auf einem Seeschiff angestellten Personen, wenn das Schiff zum Abgehen fertig (segelfertig) ist.

1 Die Bestimmung schließt grundsätzlich nur die Verhaftung aus, nicht dagegen die Anordnung der Haft [1]). Der teilweise vertretenen Ansicht, daß gegen die in Ziff. 1 genannten Personen kein Haftbefehl ergehen dürfte [2]), kann nicht beigepflichtet werden, denn der bloße Erlaß des Haftbefehls stellt noch keine Beschränkung der persönlichen Freiheit dar, wie sie Art. 37 Abs. 2 RVerf. verbietet. Diese Bestimmung bezieht sich vielmehr auf Festnahme, Schutzhaft, Vorführung usw. Nicht richtig ist es auch, daß während der Tagung zwar der Erlaß eines Haftbefehls, aber nicht die Erteilung einer Ausfertigung zulässig sein solle [3]), weil dadurch die Gefahr einer Verhaftung begründet würde, denn die Gefahr besteht im gleichen Maße, wenn sich der Gläubiger die Ausfertigung vor Beginn der Tagung erteilen läßt, und sie ist unbedeutend, da die Verhaftung in der Regel nur am Sitze des Reichs- oder Landtages oder am Wohnsitz des Abgeordneten versucht werden könnte, der sich dort ohne weiteres als Abgeordneter wird ausweisen können.

2 Treten erst nach Beginn des Haftvollzuges die Voraussetzungen des § 904 ein, so wird dadurch die weitere Vollstreckung nicht unzulässig, soweit sich nicht aus § 905 etwas anderes ergibt.

---

[1]) Schwalm 64; Förster-Kann § 904; Stein-Jonas § 904 I.

[2]) So die preuß. JMVerf. v. 6. 12. 27, JMBl. S. 366, u. Stein-Jonas § 904 N. 2.

[3]) So OLG. Stettin JW. 27, 466 u. Giese ebenda.

3 Jede Vollziehung der Haft ist weiter unzulässig, wenn der Schuldner nach §§ 18—21 GVG. der deutschen Gerichtsbarkeit nicht mehr unterworfen ist [4]).

4 Ob hiernach eine Verhaftung zulässig ist, hat zunächst der damit beauftragte Gerichtsvollzieher zu entscheiden. Gegen seine Entschließung ist nach § 766 die Erinnerung an das Vollstreckungsgericht, gegen dessen Entscheidung nach § 793 die sofortige Beschwerde zulässig. Eine Aufhebung des Haftbefehls darf jedoch dabei nicht erfolgen, es ist vielmehr nur seine Vollstreckung für unstatthaft zu erklären [5]), solange die Voraussetzungen des § 904 bestehen. Nach ihrem Wegfall kann sofort wieder die Verhaftung erfolgen.

5 Zu Ziff. 1: Die Wahlperiode des Reichstags umfaßt nach Art. 24 RVerf. in der Regel mehrere Tagungen, bei den Landtagen aber kann die Tagung während der ganzen Wahlperiode andauern [6]). Der Schutz des Gesetzes erstreckt sich auch auf die während der Tagung vorkommenden „Vertagungen".

Die Präsidenten des Reichstages und der Landtage und ihre Stellvertreter sowie die ständigen und die ersten stellvertretenden Mitglieder des Auswärtigen Ausschusses und des Zwischenausschusses des Reichstages (Art. 35 RVerf.) und der Landtagsausschüsse, die auch außerhalb der Tagung zusammentreten können, dürfen nach Art. 40 a RVerf. auch in der Zeit zwischen zwei Tagungen oder Wahlperioden nicht verhaftet werden.

Die Genehmigung zur Vollstreckung der Haft hat der Gläubiger selbst nachzusuchen, da die Verhaftung nach § 909 durch den Gerichtsvollzieher ohne Mitwirkung des Vollstreckungsgerichts erfolgt [7]).

6 Zu Ziff. 2: Militärpersonen sind nach § 1 Reichswehrgeſ. vom 23. 3. 21 Soldaten, einschließlich der Offiziere, und Militärbeamte. Gendarmen, Schutzpolizeibeamte usw. gehören nicht dazu. Wegen

---

[4]) Vgl. II. Kap. N. 5.

[5]) Förster-Kann § 906 Anm. 2 b.

[6]) Vgl. RGSt. 59, 264.

[7]) Ebenso der sächsische Landtag bei Erteilung der Genehmigung zur Verhaftung des Abg. T., Beschl. v. 12. 3. 29, Drucks. Nr. 1135. Vgl. auch die Beratung über denselben Gegenstand am 26. 2. 29, Drucks. Nr. 1126.

der Vollstreckung der Haft gegen Militärpersonen, die nicht zu den in Ziff. 2 bezeichneten gehören, vgl. § 912.

7 Zu Ziff. 3 vgl. §§ 481, 482 HGB. und die Seemannsordnung vom 2. 6. 02, RGBl.S. 175. Auf die in der Binnenschiffahrt tätigen Personen ist die Bestimmung nicht anzuwenden [8]).

§ 905.

Die Haft wird unterbrochen:

1. gegen Mitglieder des Reichstags oder eines Landtags für die Dauer der Tagung, wenn die Versammlung die Freilassung verlangt;
2. gegen Militärpersonen, welche zu einem mobilen Truppenteil oder auf ein in Dienst gestelltes Kriegsfahrzeug einberufen werden, für die Dauer dieser Verhältnisse.

Das Vollstreckungsgericht hat vom Amts wegen den Schuldner aus der Haft zu entlassen, wenn ihm der Eintritt der Voraussetzungen des § 905 bekannt wird. Vor dieser Anordnung, die der Schuldner durch Erinnerung gegen die weitere Vollziehung der Haft herbeiführen kann, ist der Gläubiger nicht zu hören, doch ist ihm die Entscheidung zuzustellen (§ 329 Abs. 3), und ihm steht dagegen die sofortige Beschwerde zu (§ 793).

§ 906.

Gegen einen Schuldner, dessen Gesundheit durch die Vollstreckung der Haft einer nahen und erheblichen Gefahr ausgesetzt wird, darf, solange dieser Zustand dauert, die Haft nicht vollstreckt werden.

1 Hiernach ist nur die Vollstreckung, nicht aber die Erlassung des Haftbefehls wegen Krankheit des Schuldners unstatthaft [1]). Ihre

[8]) Vgl. aber § 98 der preuß. GeschAnwfGVollz. (keine unzeitige Verhaftung, die Sicherheit und Ordnung gefährden könnte).

[1]) RG. Rspr. 10, 398 u. 19, 32; OLG. München BayZ. 07, 438; Schwalm 63; Stein-Jonas § 906 N. 2. A. M. Menzel JurRdsch.

Unzulässigkeit ist auf Erinnerung des Schuldners vom Vollstreckungsgericht auszusprechen[2]). Die Erinnerung ist zulässig, sobald ein Haftbefehl ergangen ist, der Schuldner braucht es nicht zum Versuch einer Verhaftung kommen zu lassen[3]). Der Schuldner muß aber die Krankheit nach den Grundsätzen des Parteiprozesses beweisen, da das Gericht nicht von Amts wegen Beweise erheben kann. Glaubhaftmachung kann den Beweis mangels einer entsprechenden gesetzlichen Bestimmung nicht ersetzen, doch sind die Beweise nach freiem Ermessen des Gerichts zu würdigen.

2 Ergibt sich die Krankheit des Schuldners erst bei der Verhaftung, dann darf schon der Gerichtsvollzieher den Haftbefehl nicht vollstrecken, wenn er zu der Überzeugung kommt, daß die Voraussetzungen des § 906 vorliegen. In Zweifelsfällen ist es zulässig und meist zweckmäßig, daß der Gerichtsvollzieher vor der Verhaftung die Entscheidung des Vollstreckungsgerichts über eine vom Schuldner einzulegende Erinnerung erfordert. Für eine selbständige Beweiserhebung ist der Gerichtsvollzieher nicht zuständig[4]).

3 Wird die Unzulässigkeit der Haft ausgesprochen, so ist die Vollziehung der Haft, wenn sie schon begonnen hatte, zu unterbrechen, der Schuldner aus der Haft zu entlassen und der Haftbefehl, auch wenn der Schuldner auf Grund seiner schon verhaftet war, dem Gläubiger zurückzugeben, der ihn nach Gesundung des Schuldners erneut vollstrecken lassen kann[5]).

4 Steht fest, daß die Voraussetzungen des § 906 vorliegen, so ist das von Amts wegen zu beachten und der Schuldner, wenn er verhaftet ist, von Amts wegen aus der Haft zu entlassen[6]).

27, 308; Baumbach § 900 Anm. 3 A; auch Förster-Kann § 906 Anm. 1, der Haftunfähigkeit und Eidesunfähigkeit wegen Krankheit unterschieden wissen will. Doch ist eine vorübergehende Eidesunfähigkeit ohne Haftunfähigkeit kaum denkbar. Vgl. auch § 900 Anm. 20.

[2]) Vgl. § 904 Anm. 4.

[3]) KG. Rspr. 37, 193; Förster-Kann § 906 Anm. 2 a; Stein-Jonas § 609 N. 4.

[4]) A. M. OLGPräs. Kiel DGVollzZ. 13, 41; Rodatz JW. 20, 1020; Förster-Kann § 906 Anm. 2 a.

[5]) Stein-Jonas § 906.

[6]) A. M. Förster-Kann § 906 Anm. 2 b, der der Gefängnis-

§ 907.

Die Haft wird in einem Raume vollstreckt, in welchem nicht zugleich Untersuchungs- oder Strafgefangene sich befinden.

Die Zwangshaft ist einfache Freiheitsentziehung ohne Arbeitszwang. Sie wird gewöhnlich in den Gefangenenanstalten vollstreckt, die sonst hauptsächlich zur Aufnahme von Untersuchungs- oder Strafgefangenen bestimmt sind. Das ist auch nach § 907 nicht unzulässig, nur dürfen solche Gefangene nicht gleichzeitig mit dem verhafteten Schuldner in einem Raum untergebracht werden. Der Schuldner ist im übrigen während der Haft den zur Aufrechterhaltung der allgemeinen Ordnung im Gefängnisse erlassenen Bestimmungen unterworfen, doch hat er ein Recht auf alle Bequemlichkeiten und Beschäftigungen, die die Ordnung im Gefängnis nicht stören und die Sicherheit der Verwahrung nicht gefährden, wie Raucherlaubnis, Selbstbeköstigung usw., vorausgesetzt, daß er die dadurch entstehenden Kosten trägt (vgl. auch § 116 Abs. 3 StPO.). Da die Bestimmung des § 907 nur im Interesse des Schuldners erlassen ist, wird mit seiner Zustimmung davon abgewichen werden dürfen [1]). Unberechtigte Abweichungen kann er mittels Erinnerung rügen.

§ 908.

Das Gericht hat bei Anordnung der Haft einen Haftbefehl zu erlassen, in welchem der Gläubiger, der Schuldner und der Grund der Verhaftung zu bezeichnen sind.

1 Diese Bestimmung hat durch ihre etwas unglückliche Fassung zu Mißverständnissen Anlaß gegeben. Ihr Zweck ist, den wesentlichen Inhalt des die Haft anordnenden Beschlusses zu bestimmen, wie es § 313 für das Urteil tut. Der vollständige, die gesetzlichen

---

behörde für diesen Fall das Recht einräumt, Erinnerung einzulegen.

[1]) Ebenso Schönfeld 42.

Erfordernisse enthaltende Beschluß, vom Gesetz als Haftbefehl bezeichnet, ist also nichts anderes als die Urschrift[1]) der Haftanordnung, die eben in Form des Haftbefehls erfolgt, in Urschrift zu den Akten zu bringen und dem Gläubiger auszufertigen, im Falle der Zustellung von Amts wegen aber beiden Parteien zuzustellen ist[2]). Wird der Haftbefehl im Termin verkündet, so empfiehlt es sich, ihn dem Protokoll als Anlage beizufügen und nur darauf Bezug zu nehmen.

Es erscheint daher nicht zutreffend, wenn das OLG. Breslau[3]) und das KG.[4]) einen Unterschied zwischen Anordnung der Haft und Haftbefehl machen, weil nach dem Wortlaut des Gesetzes der Haftbefehl bei Anordnung der Haft zu erlassen sei. Mit Recht weist Stein-Jonas darauf hin, daß auch in den Fällen der §§ 847, 848 trotz gleichartiger Ausdrucksweise des Gesetzes nur ein Beschluß ergeht[5]).

2 Ungenau ist die Bestimmung, daß der Grund der Verhaftung im Haftbefehl zu bezeichnen sei. Der Grund der Verhaftung oder richtiger der Haftanordnung ist z. B. im Falle des § 901 entweder das Ausbleiben des Schuldners oder die Verweigerung des Eides. § 908 wird aber in der Praxis mit Recht dahin verstanden, daß anstatt des Grundes der Zweck der Haftanordnung in den Haftbefehl aufgenommen wird, z. B. die Erzwingung des Offenbarungseides nach § 807 ZPO. wegen eines näher zu bezeichnenden Anspruchs. Eine solche Angabe genügt den Erfordernissen des Gesetzes[6]). Die Bezeichnung des Anspruchs erscheint nötig, um zu verhüten, daß der Schuldner auf Grund eines Schuldtitels verhaftet wird, wegen dessen der Haftbefehl nicht ergangen ist.

---

[1]) Nicht nur die Ausfertigung, wie LG. I Berlin Goldmann 391, Schwalm 59, Förster-Kann § 900 Anm. 8 u. Stein-Jonas § 908 meinen. Ganz abwegig Queck 75.

[2]) Vgl. § 901 N. 17 u. LG. Darmstadt HessRspr. 11, 171; LG. Greifswald ZZP. 55, 321; LG. Magdeburg NaumbAK. 29, 110.

[3]) Rspr. 15, 17.

[4]) Rspr. 15, 294.

[5]) Ebenso Hein 582.

[6]) OLG. München BayZ. 07, 38 u. Rspr. 16, 320 N. 1.

Im Falle des persönlichen Arrests ist in den Haftbefehl auch der Geldbetrag aufzunehmen, durch dessen Hinterlegung die Vollziehung des Arrests gehemmt wird (§§ 923, 933 S. 2).

3 Wegen der Zustellung des Haftbefehls vgl. Anm. 3 zu § 909, wegen der Rechtsmittel dagegen Anm. 11 ff. zu § 901.

§ 909.

Die Verhaftung des Schuldners erfolgt durch einen Gerichtsvollzieher. Der Haftbefehl muß bei der Verhaftung dem Schuldner vorgezeigt und auf Begehren abschriftlich mitgeteilt werden.

1 Die Verhaftung geschieht ohne Mitwirkung des Gerichts durch den Gerichtsvollzieher, der vom Gläubiger zu beauftragen ist, wobei sich der Gläubiger der Vermittlung der Geschäftsstelle bedienen kann (§ 753). Zuständig ist nach § 764 die Geschäftsstelle des Vollstreckungsgerichts, also des Gerichts, das den Haftbefehl erlassen hat, nicht desjenigen, in dessen Bezirk die Verhaftung auszuführen ist. Doch kann die Geschäftsstelle des Vollstreckungsgerichts nach § 161 GVG. die Mitwirkung der Geschäftsstelle des Ortes der Verhaftung in Anspruch nehmen. Ein Rechtshilfeersuchen an das Gericht des Haftorts dagegen ist nicht zulässig.

2 Die Verhaftung erfolgt auf Grund des Haftbefehls in Verbindung mit dem Schuldtitel, wegen dessen der Haftbefehl erging; beide sind daher bei der Erteilung des Auftrages dem Gerichtsvollzieher zu übergeben (§ 754) [1]. Ohne den Schuldtitel nur auf Grund des Haftbefehls ist eine Verhaftung zur Erzwingung des Offenbarungseids nicht zulässig, weil sie zugleich ein Teil des Verfahrens zur Vollstreckung des Schuldtitels ist. Die Verhaftung hat unter Beachtung der §§ 758—763 zu erfolgen. Unnötige Härten gegenüber dem Schuldner und Störungen der öffentlichen Ordnung sind dabei zu vermeiden [2]. Zum Betreten der Wohnung eines Dritten

---

[1]) Schönfeld 48; Förster-Kann § 909 Anm. 1; Stein-Jonas § 909 N. 2. A. M. Francke 80 ff.

[2]) Förster-Kann § 909 Anm. 1e. Vgl. § 904 N. 8.

ist der Gerichtsvollzieher ohne die Zustimmung des Wohnungsinhabers nicht befugt [3]).

3 Der Haftbefehl muß nach §§ 794 Ziff. 3, 795, 750 zugestellt sein oder spätestens bei der Verhaftung zugestellt werden. Außerdem ist er nach § 909 in jedem Falle dem Schuldner bei der Verhaftung vorzuzeigen und auf Verlangen abschriftlich mitzuteilen. Diesem Erfordernis wird genügt durch die gleichzeitige Zustellung, dagegen wird seine Erfüllung durch eine frühere Zustellung nicht entbehrlich. Nicht richtig erscheint die Annahme, der Haftbefehl sei dem Schuldner überhaupt nicht zuzustellen, weil in § 909 eine besondere Art der Bekanntmachung an Stelle der Zustellung vorgeschrieben sei [4]). Das ist nicht der Sinn der Bestimmung; sie will vielmehr sicherstellen, daß der verhaftete Schuldner auf jeden Fall über den Grund der Verhaftung Gewißheit hat, und verhüten, daß die Verhaftung etwa auf Grund eines Haftbefehls erfolgt, von dem der Schuldner, weil nur eine Ersatzzustellung geschehen ist, keine Kenntnis hat. Deshalb mußte neben, nicht anstatt der Zustellung die besondere Bekanntgabe des Haftbefehls bei der Verhaftung vorgeschrieben werden.

4 Nach Ansicht des KG. [5]) ist der Haftbefehl überhaupt nicht zuzustellen, wohl aber der Beschluß über die Anordnung der Haft. Die Annahme, daß der Haftbefehl nicht zuzustellen sei, beruht also hier nur darauf, daß das KG. irrtümlich einen Unterschied zwischen Haftbefehl und Haftanordnung macht. Erfolgt die Anordnung der Haft richtigerweise durch Erlassung des Haftbefehls, so wäre auch nach dieser Ansicht der Haftbefehl zuzustellen. Durch eine Verhaftung ohne vorherige oder gleichzeitige Zustellung des Haftbefehls würde übrigens die Frist für die sofortige Beschwerde gegen den Haftbefehl nicht in Lauf gesetzt werden [6]).

---

[3]) Koppmann JurRdsch. 04, 266; Stein-Jonas § 758 N. 2. A. M. LG. I München BayZ. 05, 301.

[4]) So OLG. Breslau Rspr. 15, 17; OLG. Düsseldorf Recht 13 Nr. 1987; Hein 583; Fraeb ZZP. 55, 323; Schwalm 63; LG. I Berlin Goldmann 391; Baumbach § 901 Anm. 5; Förster-Kann § 900 Anm. 8; Stein-Jonas § 909. A. M. LG. Greifswald ZZP. 55, 321; Sydow-Busch § 901 Anm. 3. Vgl. Levin JW. 26, 1518.

[5]) Rspr. 15, 294; ebenso Marcus DRZ. 11, 72.

[6]) A. M. LG. Gießen HessRspr. 29, 254; Fraeb ZZP. 55,

5 Die Vorzeigung des Haftbefehls und nötigenfalls die Mitteilung einer Abschrift ist für die Rechtmäßigkeit der Verhaftung wesentlich. Die Verhaftung ist bewirkt, sobald sich der Gerichtsvollzieher der Person des Schuldners bemächtigt und ihm den Haftbefehl vorgezeigt, auf Verlangen auch eine Abschrift ausgehändigt hat. Befindet sich der Schuldner bereits in Haft, so bedarf es nur der Vorzeigung und Mitteilung des Haftbefehls. Der Gerichtsvollzieher hat dann bei der Gefängnisverwaltung Vorsorge zu treffen, daß nach Ablauf der zurzeit bestehenden Haft der Schuldner zur Vollziehung der Zwangshaft in Gewahrsam behalten wird. Die Haft beginnt in diesem Falle erst mit dem Außerkrafttreten des früheren Haftbefehls. Ob die frühere Haft Zwangshaft, Untersuchungs- oder Strafhaft war, kann dabei keinen Unterschied machen [7]).

Die Verhaftung ist unzulässig, wenn der Haftbefehl bereits erledigt ist [8]). Das ist von Amts wegen zu beachten. Der Gerichtsvollzieher darf also den Schuldner nicht zur Erzwingung des Offenbarungseids nach § 807 verhaften, wenn er weiß, daß der Schuldner nach Erlaß des Haftbefehls den Eid, wenn auch in anderer Sache, bereits geleistet hat [9]).

6 Ist der Schuldner wirksam verhaftet, so darf seine Entlassung aus der Haft, solange nicht der Haftbefehl erledigt (s. o.), aufgehoben oder sonst außer Kraft getreten ist (§§ 911 S. 3, 913, 933 S. 2, 390 Abs. 2), nur auf Grund einer — der sofortigen Beschwerde unterliegenden — gerichtlichen Entscheidung erfolgen, wonach die Vollziehung des Haftbefehls eingestellt oder für unzulässig erklärt wird.

323; Goldschmidt 257; Schwalm 59; OLG. Kiel JW. 30, 569, das wie Fraeb a. a. O. sogar eine vor der Verhaftung erfolgte Zustellung des Haftbefehls als wirkungslos ansehen will; Hein 583; Baumbach § 901 Anm. 6; Förster-Kann § 900 Anm. 8.

[7]) A. M. Schumann 117; PrGeschAnwfGVollz. § 100.

[8]) Vgl. § 901 Anm. 17.

[9]) OLG. Frankfurt Rspr. 27, 192; Hein 578; Förster-Kann § 909 Anm. 1e; Stein-Jonas § 909 N. 6; Fraeb Judicium 30, 183. A. M. RG. DGVollzZ. 07, 160; LG. Frankfurt a. M. DGVollzZ. 29, 36; Herz ZZP. 38, 353; Hörle ZZP. 40, 279.

§ 910.

Vor der Verhaftung eines Beamten, eines Geistlichen oder eines Lehrers an öffentlichen Unterrichtsanstalten ist der vorgesetzten Dienstbehörde von dem Gerichtsvollzieher Anzeige zu machen. Die Verhaftung darf erst erfolgen, nachdem die vorgesetzte Behörde für die dienstliche Vertretung des Schuldners gesorgt hat. Die Behörde ist verpflichtet, ohne Verzug die erforderlichen Anordnungen zu treffen und den Gerichtsvollzieher hiervon in Kenntnis zu setzen.

1 Beamter im Sinne dieser Bestimmung ist, wer vom Reich, einem Lande, einer Gemeinde, einem Kommunalverband oder einer anderen Körperschaft des öffentlichen Rechts durch Verwaltungsakt in ein öffentlich-rechtliches Dienstverhältnis aufgenommen oder mit der Ausübung hoheitsrechtlicher Befugnisse betraut ist. Der Sinn der Vorschrift zwingt dazu, in letzterem Falle auch die Personen als Beamte zu betrachten, die nur durch Privatdienstvertrag angestellt sind, selbst wenn ihnen die Gesetzgebung ihres Landes die Beamteneigenschaft nicht zugestehen sollte [1]. Für Militärbeamte gilt die Sondervorschrift des § 912.

2 Geistliche im Sinne dieser Bestimmung sind nur die Personen, die von einer im Deutschen Reiche als Körperschaft des öffentlichen Rechts anerkannten Religionsgesellschaft mit gottesdienstlichen Verrichtungen betraut sind [2].

3 Öffentliche Unterrichtsanstalten sind nur solche, die von einem deutschen öffentlich-rechtlichen Organ unterhalten werden, nicht auch Privatschulen, mögen sie auch für jedermann offen stehen und öffentlicher Aufsicht unterstehen [3].

4 Eine allgemeine Regelung der Frage, welches die vorgesetzte Dienstbehörde eines Beamten ist, fehlt leider völlig. Hinsichtlich

---

[1] Vgl. RGZ. 125, 420.

[2] Vgl. Kann ZZP. 37, 142; Förster-Kann § 811 N. 9 zu Nr. 7 Stein-Jonas § 811 N. 131.

[3] RGSt. 28, 350.

der nicht im Reichsdienst angestellten Beamten ist sie nach den verschiedensten landesgesetzlichen Bestimmungen zu entscheiden.

5 Kommt die vorgesetzte Dienstbehörde des Schuldners ihrer Verpflichtung nicht rechtzeitig nach, so bleibt dem Gläubiger nur die Dienstaufsichtsbeschwerde.

§ 911.

Der Gläubiger hat die Kosten, welche durch die Haft entstehen, einschließlich der Verpflegungskosten von Monat zu Monat vorauszuzahlen. Die Aufnahme des Schuldners in das Gefängnis ist unstatthaft, wenn nicht mindestens für einen Monat die Zahlung geleistet ist. Wird die Zahlung nicht spätestens bis zum Mittag des letzten Tages erneuert, für welchen sie geleistet ist, so wird der Schuldner von Amts wegen aus der Haft entlassen. Gegen den Schuldner, welcher aus diesem Grunde oder ohne sein Zutun auf Antrag des Gläubigers entlassen ist, findet auf Antrag desselben Gläubigers eine Erneuerung der Haft nicht statt.

1 Nach dem Wortlaut dieser Bestimmung ist die Vorauszahlung des Haftkostenvorschusses für einen Monat nur die Voraussetzung für die Aufnahme des Schuldners in das Gefängnis, zu der es tatsächlich nur in den seltensten Fällen kommt[1]), nicht aber für die Verhaftung oder gar die Anordnung zur Haft. Eine vor Zahlung des Haftkostenvorschusses vom Gerichtsvollzieher vorgenommene Verhaftung ist also rechtmäßig, doch ist nach den Geschäftsanweisungen der meisten Länder vor der Verhaftung dem Gerichtsvollzieher der Haftkostenvorschuß zu zahlen oder die Zahlung nachzuweisen. Ist die Verhaftung ohne Zahlung des Haftkostenvorschusses erfolgt und weigert sich der Schuldner, die durch die Haft zu erzwingende Handlung (§§ 390, 888, 901) vorzunehmen, so ist er sofort zu entlassen, wenn die Zahlung nicht alsbald geleistet wird.

[1]) Nur wenn der zunächst dem Richter vorzuführende Schuldner sich dem Haftzwang nicht fügt oder der Richter nicht alsbald zu erreichen ist, Doemens DRZ. 18, 28; Förster-Kann § 909 Anm. 2.

2 Die Kosten der Haft sind Vollstreckungskosten, die nach § 788 ohne besondere Festsetzung auf Grund des Schuldtitels mit beizutreiben sind[2]).

3 Die Haftkosten, das sind die Kosten der Verhaftung selbst, der Beförderung des verhafteten Schuldners zum Gericht und des Haftvollzuges einschließlich der Verpflegung des Schuldners, sind vom Gläubiger vorauszuzahlen, soweit er nicht das Armenrecht genießt oder von der Zahlung von Gebühren befreit ist. Erfolgt die Verhaftung im gleichzeitigen Auftrage mehrerer Gläubiger, so hat jeder nur einen Anteil der Haftkosten vorauszuzahlen[3]). Eine weitere Ausnahme bildet nach § 12 Abs. 3 Satz 2 ArbGG. die Vollstreckung der im Verfahren vor den Arbeitsgerichten erwachsenen Schuldtitel.

4 Die Fortsetzung der Haft ist nur zulässig, wenn der weitere Haftkostenvorschuß bis zum Mittag des letzten Hafttages, das ist bis 12 Uhr MEZ., gezahlt ist. Eine spätere Zahlung genügt auch dann nicht, wenn sie noch vor der Entlassung des Schuldners erfolgt[4]). Eine Zahlung auf ein Bank- oder Postscheckkonto kann erst dann als bewirkt angesehen werden, wenn die zuständige Kasse davon Kenntnis erhält. Unterbleibt die rechtzeitige Zahlung, gleichviel aus welchem Grunde, so ist der Schuldner zu entlassen.

5 Erneuerung der Haft ist nur die Wiederverhaftung auf Grund desselben Haftbefehls, also nicht auf Grund eines später, wenn auch im gleichen Verfahren, neu ergangenen oder eines aus einem anderen Verfahren stammenden. Sie ist unzulässig, wenn die Entlassung auf einen ohne Zutun des Schuldners gestellten, also nicht durch seine Bitten oder Vergleichsvorschläge veranlaßten Antrag des Gläubigers oder deshalb erfolgte, weil der weitere Haftkostenvorschuß nicht rechtzeitig gezahlt wurde. Das gleiche muß gelten, wenn der Schuldner mangels Zahlung des Vorschusses für den ersten Haftmonat alsbald nach der Verhaftung wieder entlassen werden muß. Ist die Entlassung aus diesem Grunde zu Unrecht trotz rechtzeitiger Zahlung erfolgt, wogegen dem Gläubiger die

---

[2]) Vgl. III. Kap. 6. Abschn. N. 1.
[3]) Vgl. III. Kap. 6. Abschn. N. 9.
[4]) Stein-Jonas § 911 II.

Erinnerung nach § 766 zusteht, so wird dadurch die Erneuerung der Haft nicht ausgeschlossen, weil Satz 4 eine zulässige Entlassung voraussetzt. Ebenso steht eine Entlassung des verhafteten Schuldners aus anderen Gründen, z. B. wegen einer einstweiligen Einstellung des Haftvollzuges oder nach §§ 905, 906, der Wiederverhaftung nicht entgegen, soweit zur Zeit der Wiederverhaftung der Haftbefehl noch in Kraft ist[5]).

§ 912.

Soll die Haft gegen einen Angehörigen der Wehrmacht vollstreckt werden, so hat das Gericht die vorgesetzte Militärbehörde um die Vollstreckung zu ersuchen.

1 Angehörige der Wehrmacht sind Offiziere, Unteroffiziere und Mannschaften und Militärbeamte. Ihnen gegenüber hat der von der Militärbehörde mit der Verhaftung Beauftragte dieselben Rechte und Pflichten wie der Gerichtsvollzieher. Er hat insbesondere auch die Vorschrift des § 909 zu beachten. Schuldtitel und Haftbefehl sind ihm von der Militärbehörde zu übergeben, die sie mit dem Ersuchen vom Gericht erhält. Über Erinnerungen gegen seine Vollzugsmaßnahmen entscheidet das Vollstreckungsgericht, während gegenüber der Militärbehörde, wenn sie dem Ersuchen nicht nachkommt, nur die Aufsichtsbeschwerde zulässig ist.

2 Das Ersuchen an die Militärbehörde ergeht nur auf Antrag des Gläubigers, der Voraussetzung für die Vollstreckung der Haft ist.

3 Für die Haftvollstreckung durch die Militärbehörde gilt § 907 und das dort Bemerkte entsprechend[1]).

---

[5]) Fraeb Judicium 30, 180.

[1]) Vgl. Anhang VIII der Disziplinarstrafordnung für das Reichsheer v. 18. 5. 26 (RGBl. II 265) und Anhang IV der Marinestrafvollstreckungsordnung v. 28. 12. 26 (RGBl. 27 I 1). Nach den genannten Bestimmungen soll die Vollstreckung der Zwangshaft auf Grund der ZPO. nur bis zur Dauer von 6 Wochen erfolgen. Diese Begrenzung ist aber unwirksam, da die Bestimmung in § 913 ZPO. nicht im Verordnungswege geändert werden kann. Wahrscheinlich liegt auch nur ein Redaktionsversehen vor.

§ 913.

Die Haft darf die Dauer von 6 Monaten nicht übersteigen. Nach Ablauf der 6 Monate wird der Schuldner von Amts wegen aus der Haft entlassen.

Die Vorschrift gilt nur für die Vollstreckung der Haft auf Grund ein und desselben Haftbefehls[1]). Im Falle einer Unterbrechung der Haft sind die Zeiträume der Haftvollstreckung zusammenzurechnen. Für die Haft zur Erzwingung des Zeugnisses bildet nach § 390 Abs. 2 die Beendigung des Prozesses in der Instanz eine weitere Grenze. Nach Ablauf der Haftfrist kann der Schuldner gegen den weiteren Haftvollzug Erinnerung erheben[2]).

Wegen der Eintragung in das Schuldnerverzeichnis vgl. § 915.

§ 914.

Ein Schuldner, gegen welchen wegen Verweigerung des in § 807 erwähnten Offenbarungseids eine Haft von 6 Monaten vollstreckt ist, kann auch auf Antrag eines anderen Gläubigers von neuem zur Leistung dieses Eides durch Haft nur angehalten werden, wenn glaubhaft gemacht wird, daß der Schuldner später Vermögen erworben habe.

Diese Vorschrift findet keine Anwendung, wenn seit der Beendigung der Haft 5 Jahre verstrichen sind.

1 Da gegenüber einem Schuldner, gegen den alle Zwangsmittel fruchtlos geblieben sind, die Anwendung weiterer Zwangsmittel zwecklos erscheint, verbietet die Bestimmung einen weiteren Haftzwang in diesem Falle. Nach dem Wortlaut des Gesetzes scheint es, daß dadurch nicht die Verpflichtung des Schuldners zur Leistung des Eides aufgehoben, sondern nur die Anordnung und Vollziehung der Haft ausgeschlossen sei, so daß der Schuldner nicht

---

[1]) Schwalm 70.

[2]) Diese Vorschrift gilt auch für Angehörige der Wehrmacht, § 912 A. 1. A. M. Schumann 114.

unter Berufung auf § 914 der Verpflichtung zur Eidesleistung mit Erfolg gem. § 900 Abs. 3 widersprechen könnte [1]). Da jedoch die Haft das einzige Mittel zur Erzwingung des Offenbarungseides ist und die Durchführung des Offenbarungseidsverfahrens als eines Teiles der Zwangsvollstreckung sinnlos wäre, wo kein Zwang zugelassen ist, muß in diesem Falle das Verfahren überhaupt für unzulässig erklärt werden [2]). Die Vollstreckung einer Haft von 6 Monaten ist also über den Wortlaut des Gesetzes hinaus der Leistung des Offenbarungseides nach § 807 völlig gleichzustellen.

2 Da die Bestimmung von einer Haft spricht, ist sie nicht anzuwenden, wenn gegen den Schuldner auf Antrag mehrerer Gläubiger nacheinander mehrmals die Haft vollstreckt wurde und die mehreren Vollstreckungen zusammen, nicht aber eine einzelne von ihnen die Dauer von 6 Monaten erreichte [3]).

3 Das Wort „später" in Abs. 1 bezieht sich, wie auch aus Abs. 2 hervorgeht, auf den Zeitpunkt der Beendigung der Haft [4]).

§ 915.

Das Vollstreckungsgericht hat ein Verzeichnis derjenigen Personen zu führen, welche vor ihm den in § 807 erwähnten Offenbarungseid geleistet haben oder gegen welche wegen Verweigerung des Eides die Haft angeordnet ist. Die Vollstreckung einer Haft ist in dem Verzeichnis zu vermerken, wenn sie 6 Monate gedauert hat.

Sind seit dem Schlusse des Jahres, in welchem die Eintragung in das Verzeichnis bewirkt ist, 5 Jahre

---

[1]) Diesen Schluß ziehen auch Förster-Kann § 914; Levinsohn ZZP. 14, 100; Queck 85; Schwalm 72.

[2]) Ebenso Francke 90. Sonst werden die §§ 903, 914 ohne Beachtung des Unterschieds der Fassung allgemein einander gleichgestellt.

[3]) Schwalm 69.

[4]) Schwalm 72.

verstrichen, so ist die Eintragung dadurch zu löschen, daß der Name unkenntlich gemacht oder das Verzeichnis vernichtet wird.

Die Einsicht des Verzeichnisses ist jedem gestattet, auch hat die Geschäftsstelle auf Antrag über das Bestehen oder Nichtbestehen einer Eintragung Auskunft zu erteilen.

1 Das Vollstreckungsgericht, also das nach § 899 für die Abnahme des Eides zuständige Gericht, hat danach die Personen, die vor ihm, d. h. in einer vor ihm anhängigen Sache, den Eid nach § 807 geleistet haben, mag auch die Eidesleistung selbst nach §§ 479 oder 902 vor einem anderen Gericht erfolgt sein, in ein besonderes Verzeichnis einzutragen. Nur die Leistung des Offenbarungseides nach § 807 ZPO. rechtfertigt die Eintragung, nicht auch die Leistung eines anderen Offenbarungseides [1]). Außer der Eidesleistung wird auch die Anordnung der Haft wegen Verweigerung des Eides — gemeint ist auch hier nur der Eid nach § 807 — in das Verzeichnis eingetragen [2]). Als Verweigerung des Eides gilt nach § 901 auch das Ausbleiben des Schuldners im Schwurtermin. Die Eintragung erfolgt ohne Rücksicht auf die Vollstreckung des Haftbefehls.

2 Einzutragen ist in allen Fällen nur der Schuldner, nicht etwa ein gesetzlicher Vertreter, gegen dessen Person der Eideszwang sich richtete. Der Schuldner ist aber auch schon dann einzutragen, wenn die Voraussetzungen für die Eintragung nur in der Person eines von mehreren gesetzlichen Vertretern erfüllt sind [3]).

3 Die Vollstreckung der Haft wird nur eingetragen, wenn sie 6 Monate gedauert hat. Der „Vermerk" hierüber ist als eine be-

---

[1]) A. M. Apelt DRZ. 29, 422 bei Leistung des Eides nach § 298 RAbgO. vor dem Amtsgericht. Vgl. die preuß. JMVerf. v. 22. 4. 29, JMBl. 133.

[2]) A. M. Goldschmidt 257 entgegen dem klaren Wortlaut des Gesetzes.

[3]) Förster-Kann § 915 Anm. 1; Bondi ZZP. 32, 235, der dann allerdings auch Angabe des gesetzlichen Vertreters fordert.

sondere Eintragung anzusehen, für die die Frist des Abs. 2 besonders zu berechnen ist [4]).

4 Die Eintragung erfolgt von Amts wegen [5]). Die Führung des Verzeichnisses ist begrifflich keine Vollstreckungstätigkeit, sondern ein Akt der freiwilligen Gerichtsbarkeit [6]). Die darauf bezüglichen Handlungen des Gerichts geschehen also nicht in dem Vollstreckungsverfahren zwischen den Parteien und sind nicht mit einem in der ZPO. vorgesehenen Rechtsbehelfe oder Rechtsmittel, sondern höchstens im Aufsichtswege anfechtbar [7]). Den Parteien steht auch kein Einfluß auf die Eintragungen zu, es kann also der Gläubiger weder auf die Eintragung des Schuldners verzichten, noch die Löschung einer Eintragung bewilligen. Auch im Gnadenwege oder durch sonstigen Verwaltungsakt kann eine zulässige Eintragung nicht beseitigt werden, die gleichfalls von Amts wegen zu bewirkende Löschung kann vielmehr, wenn sich nicht nachträglich die Unzulässigkeit der Eintragung ergibt, z. B. der Haftbefehl aufgehoben oder die Abnahme des Eides für unzulässig erklärt wird [8]), nur nach Ablauf der in Abs. 2 bestimmten Frist erfolgen [9]). Diese Frist deckt sich nicht ganz mit der der §§ 903 und 914, denn sie dauert bis zum Schlusse des Kalenderjahres, in dem diese ablaufen. Die Erstreckung der Frist bis zum Jahresende und die Zulässigkeit der Löschung durch Vernichtung des Verzeichnisses erleichtern die Führung von Jahreslisten und die Kontrolle des Fristablaufs.

5 In dem Verzeichnis ist nur der Name des Schuldners und

---

[4]) Becker DRZ. 11, 235. A. M. Engels DJZ. 10, 1220; Stein-Jonas § 915 N. 6; Sydow-Busch § 915 Anm. 6; Baumbach § 915 Anm. 3 u. auch die Begr. zur Nov. v. 1909.

[5]) Förster-Kann § 915 Anm. 2.

[6]) A. M. Förster-Kann § 915 Anm. 2, der darin ein Justizverwaltungsgeschäft sieht. Vgl. Schwalm 89.

[7]) RG. Rspr. 31, 144 N. 1; Förster-Kann § 915 Anm. 2; Sydow-Busch § 915 Anm. 2. A. M. Pick JurRdsch. 26, 132 u. Levin JW. 26, 1518, die einfache Beschwerde, u. Seuffert § 915 Anm. 5 u. Falkmann 989, die Erinnerung zulassen.

[8]) A. M. Hein 594.

[9]) Pick JurRdsch. 26, 132; Levin JW. 26, 1518; Schwalm 88. A. M. Fraeb ZZP. 50, 97. Vgl. Bendix JurRdsch. 28, 113.

der Grund des Eintrages anzugeben, nicht auch der Gläubiger oder der Schuldbetrag, wegen dessen der Eid gefordert wird.

6 Nach Abs. 3 ist jedem, also auch Auskunfteien, ohne daß es des Nachweises eines Interesses bedürfte, ein Recht auf Einsicht und auf Erteilung einer Auskunft über das Bestehen einer Eintragung eingeräumt. Beim Verlangen nach Auskunft ist der Name des Schuldners, über den die Auskunft begehrt wird, anzugeben, es kann also nicht eine Auskunft über alle Einträge oder eine vollständige Abschrift des Verzeichnisses gefordert werden [10]. Doch steht der Erteilung solcher Abschriften nichts im Wege, was die Justizverwaltungen der meisten Länder ausdrücklich gebilligt haben. Zweckmäßig wird daran die Bedingung geknüpft, daß sich die Abschriftnehmer zur Unkenntlichmachung gelöschter Einträge in den Abschriften und bei Veröffentlichung der Abschrift auch zur Veröffentlichung etwaiger Löschungen verpflichten, die vor Ablauf der in Abs. 2 bestimmten Frist erfolgen.

Wegen der Erteilung von Abschriften des Vermögensverzeichnisses vgl. II. Kap. N. 10.

C. Anhang.

I. Weitere Fälle des Offenbarungseids im Reichsrecht.

1. §§ 259, 260, 2028 und 2057 BGB.
2. § 2006 BGB.
3. § 83 Abs. 2 FGG.
4. § 125 KO.
5. § 61 Abs. 3 VerglO.
6. § 298 RAbgO.
7. § 338 RAbgO.

Auch außerhalb der ZPO. begründen eine Reihe reichsgesetz-

---

[10]) Eine Selbstanfertigung von Abschriften bei der Einsichtnahme kann allerdings nicht verhindert werden. Ebenso Förster-Kann § 915 Anm. 4; Schwalm 88.

licher Vorschriften, die im folgenden kurz gestreift werden sollen[1]), eine Pflicht zur Leistung eines sog. Offenbarungseides, der sich mit einem der in der ZPO. vorgesehenen Eide mehr oder weniger decken kann.

1 Nach § 259 BGB. hat, wer zur Rechnungslegung verpflichtet ist, nach Mitteilung der Rechnung auf Verlangen den Offenbarungseid dahin zu leisten, daß er nach bestem Wissen die Einnahmen so vollständig angegeben habe, als er dazu imstande sei, jedoch nur, wenn Grund zu der Annahme besteht, daß die in der Rechnung enthaltenen Angaben über die Einnahmen nicht mit der erforderlichen Sorgfalt gemacht sind. Nach § 260 BGB. hat der zur Herausgabe eines Inbegriffs von Gegenständen oder zur Auskunftserteilung darüber Verpflichtete ein Bestandsverzeichnis vorzulegen und, wenn Grund zu der Annahme besteht, daß das Verzeichnis nicht mit der erforderlichen Sorgfalt aufgestellt worden ist, auf Verlangen den Offenbarungseid dahin zu leisten, daß er nach bestem Wissen den Bestand so vollständig angegeben habe, als er dazu imstande sei. Nach § 2028 BGB. hat, wer zur Zeit eines Erbfalles mit dem Erblasser in häuslicher Gemeinschaft lebte, dem Erben auf Verlangen Auskunft über die von ihm geführten erbschaftlichen Geschäfte und den Verbleib der Erbschaftsgegenstände zu erteilen und auf weiteres Verlangen den Offenbarungseid dahin zu leisten, daß er seine Angaben nach bestem Wissen so vollständig gemacht habe, als er dazu imstande sei, wenn Grund zu der Annahme besteht, daß die Auskunft nicht mit der erforderlichen Sorgfalt erteilt ist. Nach § 2057 BGB. hat ferner jeder Miterbe den übrigen Erben auf Verlangen Auskunft über die nach §§ 2050—2053 BGB. ausgleichungspflichtigen Zuwendungen des Erblassers zu erteilen und, wenn Grund zu der Annahme besteht, daß die Auskunft nicht mit der erforderlichen Sorgfalt erteilt sei, auf Verlangen einen Offenbarungseid desselben Inhalts wie im Falle des § 2028 BGB. zu leisten. In allen

---

[1]) Für die Behandlung der Fälle, in denen Landesgesetze, besonders im Verwaltungszwangsverfahren, eine Pflicht zur Leistung des Offenbarungseids begründen, ist hier kein Raum.

diesen Fällen besteht eine Pflicht zur Eidesleistung nicht in Angelegenheiten von geringerer Bedeutung.

Diese 4 Fälle gehören begrifflich zusammen und werden auch im Verfahren vollkommen gleich behandelt. Für sie ist bezeichnend, daß hier die Pflicht zur Eidesleistung zwar stets mit der Pflicht zu einer Auskunftserteilung verbunden ist, aber nicht als einheitliche Verpflichtung, wie im Falle des § 807 ZPO., sondern als selbständige daneben stehende und stets durch den Verdacht bedingte, daß die vorher erteilte Auskunft mangelhaft war. Daß dieser Verdacht besteht, hat im Streitfalle zu beweisen, wer die Leistung des Eides fordert. Der bloße Nachweis einer unverschuldeten Unrichtigkeit genügt nicht; die Unrichtigkeit braucht aber auch nicht nachgewiesen zu werden, wenn die Auskunft offensichtlich leichtfertig erteilt ist [2]). Die Eidesleistung kann also in allen diesen Fällen niemals zugleich mit der Auskunft, sondern erst nach ihrer Erteilung gefordert werden, da vorher der Verdacht der Unrichtigkeit der Auskunft nicht begründet sein kann. Der Eid soll den Verpflichteten von diesem Verdacht befreien, ist also kein eigentlicher Offenbarungseid, sondern nur ein Reinigungseid und führt zu einer weiteren Offenbarungspflicht nur dadurch, daß der Schwurpflichtige vor Leistung des Eides seine etwa unrichtigen Angaben ergänzen darf und muß, wenn er dazu imstande ist. Die Auskunftspflicht wird durch die §§ 259 und 260 BGB. nicht begründet, sondern für ihre Anwendbarkeit vorausgesetzt; wann sie vorliegt, ist nach den übrigen Bestimmungen des bürgerlichen Rechts zu entscheiden.

Die Leistung des Eides kann in diesen Fällen stets durch Klage vor dem Prozeßgericht erzwungen werden. Ist der Verpflichtete zur Leistung des Eides mindestens vorläufig vollstreckbar verurteilt, so ist ihm gegebenenfalls nach Ergänzung der Auskunft der Eid nach § 889 Abs. 1 ZPO. vor dem Prozeßgericht 1. Instanz gem. §§ 478—484 ZPO. abzunehmen [3]). Dieses Gericht kann auch nach §§ 888, 889 Abs. 2 auf Antrag gegen den Schwurpflichtigen zur

[2]) RG. Recht 22 Spruchbeil. Nr. 592.

[3]) Dies gilt auch dann, wenn sich der Schuldner nach seiner Verurteilung freiwillig zur Eidesleistung bereit erklärt, KG. Jur-Rdsch. 25 Spruchbeil. Nr. 285; Förster-Kann § 889 Anm. 2 c. A. M. Unger Recht 08, 222.

Erzwingung des Eides Geldstrafen in unbeschränkter Höhe oder die Haft anordnen, wenn er im Schwurtermin nicht erscheint oder die Eidesleistung verweigert. Ein Widerspruch gegen die Eidespflicht kommt hier nicht in Frage, weil darüber schon in dem Urteil entschieden ist und Einwendungen dagegen nur gemäß § 767 ZPO. geltend gemacht werden können[4]). Auf die Vollstreckung der Haft finden die §§ 904—913 ZPO., auf die Eidesabnahme auch § 902 ZPO. Anwendung. Die Klage kann, wenn sich der Beklagte darauf einläßt, bei jedem Gericht 1. Instanz erhoben werden, da der Anspruch ein vermögensrechtlicher und ein ausschließlicher Gerichtsstand nicht bestimmt ist.

Der Verpflichtete braucht es jedoch nicht zur Klage kommen zu lassen, er kann sich auch freiwillig zur Leistung des Eides erbieten, sobald ihn der Berechtigte fordert. Die Leistung des Eides hat dann nach § 261 BGB. vor dem Amtsgericht des Erfüllungsortes oder nach Wahl des Verpflichteten dem seines Wohnsitzes oder Aufenthaltsorts im Inlande zu erfolgen, das auch, ebenso wie das Prozeßgericht im Urteil, die Eidesnorm zweckentsprechend ändern kann. Über das Verfahren bestimmen die §§ 79, 163 FGG., daß, wenn der Berechtigte die Leistung des Eides verlangt, er sowie der Schwurpflichtige die Bestimmung eines Termins zur Leistung des Eides beantragen könne, zu dem beide Teile zu laden sind, der Berechtigte aber nicht zu erscheinen braucht. Ein Zwang zur Eidesleistung findet in diesem Verfahren nicht statt; wird der Eid nicht freiwillig geleistet, so muß darauf geklagt werden. Die Kosten des Verfahrens hat nach § 261 Abs. 3 BGB. der Berechtigte zu tragen. Da über sie im Verfahren der freiwilligen Gerichtsbarkeit nicht entschieden wird, kann die Erstattung nur im Wege der Klage gefordert werden.

2 Im Gegensatz zu diesen Eiden ist ein reiner Offenbarungseid der, den nach § 2006 BGB. der Erbe auf ein keiner näheren Begründung bedürftiges Verlangen eines Nachlaßgläubigers dahin zu leisten hat, daß er nach bestem Wissen die Nachlaßgegenstände so vollständig angegeben habe, als er dazu imstande sei. Zuständig für die Leistung dieses Eides ist ausschließlich das Nachlaßgericht,

[4]) Förster-Kann § 899 Anm. 2 c.

und das Verfahren regelt sich gleichfalls nach § 79 FGG. Eine Besonderheit dieses Falles ist, daß ein unmittelbarer Zwang zur Leistung trotz der scheinbar entgegenstehenden Fassung des § 2006 Abs. 1 BGB. nicht ausgeübt werden kann, weil in § 2006 Abs. 3 besonders bestimmt ist, daß im Falle der Eidesverweigerung oder des mehrmaligen unentschuldigten Ausbleibens im Schwurtermin der Erbe dem betreffenden Gläubiger unbeschränkt haftet, die Leistung des Eides also nicht im Interesse des Gläubigers, sondern lediglich im Interesse des Erben liegt[5]). Bleibt der Erbe im Schwurtermin aus, so ist auf Antrag des Gläubigers ein neuer Termin zu bestimmen und die Ladung beider Parteien zu bewirken; eine Klage auf Leistung dieses Eides ist jedoch nicht zulässig.

3 Nach § 83 Abs. 2 FGG. kann, wer im Verdacht steht, ein nach § 2259 Abs. 1 BGB. abzulieferndes Testament zu besitzen, vom Nachlaßgericht zur Leistung eines Offenbarungseides des in § 883 Abs. 2 ZPO. normierten Inhalts angehalten werden. Hier handelt es sich also wieder an sich um einen Reinigungseid. Auf das Verfahren, das ohne Mitwirkung einer Gegenpartei des Schwurpflichtigen vor dem Nachlaßgericht stattfindet, sind nach § 83 Abs. 2 FGG. nur die §§ 883 Abs. 2 u. 3, 900 Abs. 1, 901, 902, 904—910, 912 und 913 ZPO. entsprechend anzuwenden. Im Hinblick auf den Offizialcharakter des Verfahrens ist also ein Widerspruch gegen die Eidespflicht nicht zugelassen und die Vollstreckung der Haft nicht von einer Kostenzahlung abhängig.

4 Nach § 125 KO. kann im Konkursverfahren nach Errichtung des Inventars der Konkursverwalter oder ein Konkursgläubiger vom Gemeinschuldner die Leistung des Offenbarungseides fordern. Der Inhalt des Eides ist im Gesetz nicht ausdrücklich bestimmt, aus der Verbindung mit dem in der Regel auf Angaben des Gemeinschuldners beruhenden Inventar der Konkursmasse ergibt sich aber, daß er dahin geht, daß der Gemeinschuldner sein zur Konkursmasse gehöriges Vermögen zur Zeit der Konkurseröffnung nach bestem Wissen so vollständig angegeben habe, als er dazu imstande sei. Der Eid deckt sich also nicht mit dem nach § 807 ZPO., da es für den Umfang der Offenbarungspflicht hier nicht auf den Zeitpunkt der Eidesleistung, sondern auf den der Konkurseröffnung ankommt,

---

[5]) RG. Recht 12 Nr. 608.

der unter Umständen schon jahrelang zurückliegen kann, und da Beweismittel für die Forderungen und Gegenstände, die nicht zur Konkursmasse gehören, nicht angegeben zu werden brauchen[6]). Ausschließlich zuständig ist nach § 125 KO. in Abweichung von § 899 ZPO. das Konkursgericht; im übrigen regelt sich das Verfahren nach §§ 900 ff. ZPO., die auch im Konkursverfahren nach § 72 KO. entsprechend anwendbar sind. Das bedeutet im Falle der §§ 903 und 914 nur, daß die Leistung des Eides verweigert werden darf, wenn der früher geleistete oder zu erzwingende Eid der nach § 125 KO. war. Die Leistung des Eides nach § 807 ZPO. befreit so wenig von der Pflicht zur Eidesleistung nach § 125 KO. wie umgekehrt, schon da der Inhalt der beiden Eide nicht der gleiche ist. Der Eid kann gefordert werden vom Zeitpunkt der Inventarerrichtung an bis zur Beendigung des Konkursverfahrens durch Einstellung oder Aufhebung (§ 125 KO. „anhängig ist"). Von diesem Augenblick an ist eine weitere Fortsetzung des Verfahrens unzulässig[7]), auch wenn bereits ein Haftbefehl ergangen ist. Fordert ein Konkursgläubiger den Eid, so muß er im Streitfalle das Bestehen seiner Konkursforderung beweisen, wobei er sich aller in der ZPO. vorgesehenen Beweismittel bedienen kann. Eine Feststellung der Forderung zur Konkurstabelle ist nicht erforderlich, die bloße Anmeldung aber ist zum Beweise der Forderung nicht ausreichend. Bei Stellung des Antrages auf Abnahme des Eides genügt jedoch der Nachweis der Anmeldung der Forderung, solange der Gemeinschuldner nicht nach § 900 Abs. 3 Widerspruch erhebt.

5 Nach § 61 Abs. 3 VerglO. hat der Schuldner im Vergleichstermin auf Antrag eines am Verfahren beteiligten Gläubigers den Offenbarungseid dahin zu leisten, daß er nach bestem Wissen sein Vermögen und seine Verbindlichkeiten so vollständig angegeben habe, als er dazu imstande sei. Da er nach § 18 VerglO. betreffs seiner Forderungen auch Grund und Beweismittel zu

[6]) Mentzel Komm. z. KO. § 125 Anm. 4; Schumann 22. A. M. Schwalm 15; Jaeger Komm. z. KO. § 125 Anm. 1, der Angabe des ganzen Vermögens fordert. Gegenstände, deren Zugehörigkeit zur Konkursmasse zweifelhaft oder streitig ist, wird der Gemeinschuldner allerdings mit angeben müssen (vgl. § 807 N. 60).

[7]) A. M. Schwalm 14.

bezeichnen hat, umfaßt dieser Eid seinem Inhalt nach völlig den des § 807 ZPO. Die Offenbarungspflicht des Schuldners geht hier sogar noch weiter, da auch die Verbindlichkeiten anzugeben sind [8]). Die Leistung dieses Eides befreit jedoch wegen der abweichenden Verfahrensart nicht von der Pflicht zur späteren Leistung des Eides nach § 807 ZPO. oder nach § 125 KO. Die Leistung des Offenbarungseides nach § 61 Abs. 3 VerglO. kann auch nicht unmittelbar erzwungen werden, da die Vorschriften der ZPO. nach § 8 VerglO. nur insoweit entsprechend anwendbar sind, als nicht die Vergleichsordnung etwas anderes bestimmt, nach § 79 Ziff. 6 und 7 VerglO. aber das Ausbleiben des Schuldners im Vergleichstermin oder die Verweigerung des Eides in der Regel die Einstellung des Verfahrens zur Folge hat [9]).

6 Nach § 298 RAbgO. hat ein Steuerpflichtiger, wenn die Zwangsvollstreckung in das bewegliche Vermögen erfolglos war oder aussichtslos erscheint, auf Verlangen des Finanzamts ein Verzeichnis seines Vermögens vorzulegen, bei den Forderungen Grund und Beweismittel zu bezeichnen und den Offenbarungseid dahin zu leisten, daß er nach bestem Wissen sein Vermögen so vollständig angegeben habe, als er dazu imstande sei. Auch dieser Eid deckt sich also vollkommen mit dem nach § 807 ZPO. Die Abnahme erfolgt, wenn der Schwurpflichtige dazu bereit ist, durch das Finanzamt, sonst auf dessen Ersuchen durch das in § 899 ZPO. bezeichnete Amtsgericht. Für das Verfahren gelten §§ 900 Abs. 1 und 2, 901—914 ZPO. nicht nur entsprechend, sondern unmittelbar mit der Maßgabe, daß die Verpflegungskosten (§ 911) nicht vorauszuzahlen sind. Danach befreit die Leistung des Eides nach § 807 ZPO. von der Pflicht zur Leistung des Eides nach § 298 RAbgO. [10]), nicht aber umgekehrt im Hinblick auf den Unterschied der Verfahrensarten [11]), auch wird deshalb die Leistung des Eides nach § 298 RAbgO. nicht in das beim Amtsgericht nach § 915 ZPO. geführte Verzeichnis eingetragen [12]). Das Amtsgericht hat, wie

---

[8]) Diese Angaben werden allerdings vom Eid nicht mit umfaßt, vgl. § 807 N. 52 u. 57.

[9]) So mit Recht die h. M.

[10]) So auch § 74 BeitrO.; Schwalm 80.

[11]) Streitig, vgl. § 903 Anm. 4.

[12]) Vgl. § 915 N. 1.

schon die Nichtanführung des § 900 Abs. 3 ZPO. ergibt, aber in § 298 Abs. 3 RAbgO. noch besonders hervorgehoben ist, nicht zu prüfen, ob der Schuldner zur Leistung des Eides verpflichtet ist; es kann jedoch, wenn der Schuldner gegen das Verlangen des Finanzamts Beschwerde eingelegt hat, die Anordnung der Haft bis zur Entscheidung des Landesfinanzamts aussetzen.

7 Nach § 338 RAbgO. ist ein Steuerpflichtiger, bei dem zur Deckung von Steuerschulden eine Forderung gepfändet worden ist, zur Herausgabe der über diese Forderung bestehenden Urkunden verpflichtet, die ihm zwangsweise weggenommen werden können. Werden sie nicht vorgefunden, so hat der Steuerpflichtige auf Verlangen des Finanzamts, das zu einer der Sachlage entsprechenden Änderung der Eidesnorm befugt ist, den Offenbarungseid dahin zu leisten, daß er die Urkunden nicht besitze und auch nicht wisse, wo sie sich befinden. Der Eid entspricht also völlig dem des § 883 ZPO. Für das Verfahren zur Abnahme dieses Eides gilt § 298 RAbgO. und das dazu Bemerkte entsprechend.

II. Der Offenbarungseid im Strafrecht.

Für viele Schuldner ist die Versuchung besonders groß, bei Leistung des prozessualen Offenbarungseides Vermögensstücke zu verschweigen, denn die Angabe pfändbarer Vermögensstücke hat in der Regel zur Folge, daß sie dem Schuldner alsbald durch Pfändung verloren gehen, während auf der anderen Seite der Gläubiger meist nicht in der Lage ist, die etwaige Unvollständigkeit des beschworenen Vermögensverzeichnisses zu erkennen. Weil aber der Offenbarungseid für den Berechtigten völlig wertlos ist, sobald er falsch geschworen wird, ist die Verletzung der Eidespflicht auch beim Offenbarungseid im geltenden Recht mit schwerer Strafe bedroht, und der mehrfach vertretene Vorschlag, den Offenbarungseid durch eine weniger feierliche und durch schwächere Strafdrohung geschützte Bekräftigung zu ersetzen, würde dem Offenbarungseidsverfahren den letzten Rest praktischer Bedeutung rauben.

Der Offenbarungseid, und zwar in allen seinen Unterarten, stellt sich als ein auferlegter Eid dar, dessen wissentlich falsche Ableistung nach § 153 StGB. mit Zuchthaus bis zu zehn Jahren bestraft wird. Daneben ist nach § 161 StGB. stets auf Verlust der bürgerlichen Ehrenrechte und auf die dauernde Unfähigkeit zu eidlicher Vernehmung als Zeuge oder Sachverständiger zu erkennen. Mildernde Umstände sind nicht vorgesehen, doch ist nach § 158 StGB. die an sich verwirkte Strafe auf die Hälfte bis ein Viertel zu ermäßigen, wenn der Schwurpflichtige nach Leistung eines Meineides diesen bei der Behörde, vor der der Eid geleistet wurde, widerruft, bevor eine Anzeige gegen ihn erfolgt oder eine Untersuchung gegen ihn eingeleitet oder ein Rechtsnachteil für einen anderen aus der falschen Aussage entstanden ist. Ein solcher Rechtsnachteil, der die Strafermäßigung ausschließt, ist im Offenbarungseidverfahren die Entlassung des Schuldners aus der Haft. Der Widerruf ist also nur dann von Bedeutung, wenn der Meineid vor der Verhaftung des Schuldners geleistet wurde. Zum Widerruf gehört nur die Erklärung, daß der geleistete Eid falsch sei, nicht auch die Berichtigung der unrichtigen Angaben.

Strafbar ist die Leistung eines falschen Offenbarungseides nur, wenn sie vor einer Behörde erfolgte, die im allgemeinen zur Abnahme von Offenbarungseiden zuständig ist. Daß die Zuständigkeit zur Abnahme gerade des falsch geschworenen Offenbarungseides begründet war, ist nicht erforderlich. Ebenso ist es unerheblich, ob der den Eid abnehmende Beamte hierzu nach der Geschäftsverteilung der Behörde berufen ist, wenn er nur überhaupt zur Abnahme von Eiden befugt ist. Nur wenn das nicht der Fall ist, wenn z. B. bei Gericht statt des Richters ein landesrechtlich nicht dazu ermächtigter Referendar den Eid abnimmt, ist die Eidesleistung schlechthin unwirksam und nicht geeignet, die Grundlage für eine Bestrafung wegen Meineides zu bilden.

Die fahrlässig falsche Ableistung des Offenbarungseides wird nach § 163 StGB. mit Gefängnis bis zu einem Jahre bestraft. Sie bleibt überhaupt straflos, wenn der Eid rechtzeitig widerrufen wird (§ 163 Abs. 2 StGB.).

Falsch geschworen ist der Offenbarungseid nach § 807, wenn der Schwurpflichtige nicht das gesamte Aktivvermögen des Schuldners angegeben hat[13]) und zu vollständigerer Angabe imstande ist. Er muß zu diesem Zwecke nötigenfalls Nachforschungen über den Umfang des Vermögens anstellen, in deren Unterlassung eine

[13]) Vgl. dazu § 807 Anm. 15 ff.

strafbare Fahrlässigkeit erblickt werden kann. Im übrigen gehört die Richtigkeit des Vermögensverzeichnisses nicht zum Inhalt des Eides, und auch die übrigen bei der Eidesleistung abgegebenen Erklärungen, die sich nicht auf den Bestand des Aktivvermögens beziehen, werden vom Eide nicht mitumfaßt. Ihre Unrichtigkeit ist daher strafrechtlich bedeutungslos. Im Falle des § 883 wird neben der Verneinung des Besitzes nur die tatsächliche Unkenntnis des Schuldners vom Verbleib der herauszugebenden Sache beschworen. Dieser Eid ist also auch dann nicht falsch, wenn der Schuldner den Verbleib der Sache zwar nicht kannte, aber hätte feststellen können. Zu einer Erkundigung nach dem Verbleib der Sache ist der Schuldner nicht verpflichtet. Er muß sich, um den Vorwurf der Fahrlässigkeit zu entgehen, nur davon überzeugen, daß er die herauszugebende Sache tatsächlich nicht in Besitz hat.

Im Strafgesetzbuch findet sich ferner noch eine veraltete Strafandrohung für den Fall des sogenannten Eidbruchs: § 162 StGB. bedroht mit Gefängnisstrafe bis zu 2 Jahren, wer dem in einem Offenbarungseide gegebenen Versprechen wissentlich zuwiderhandelt. Diese Bestimmung war bei Abfassung des Gesetzes erforderlich, weil damals die Normen der Offenbarungseide landesrechtlich ganz verschieden gefaßt waren und teilweise Versprechen enthielten, deren Erfüllung zur Zeit der Eidesleistung noch in weiter Zukunft lag. Seit der einheitlichen Einführung der assertorischen Offenbarungseide im Reichsrecht ist § 162 StGB. so gut wie gegenstandslos geworden. Die hier mit Strafe bedrohte Tat stellt sich auch sachlich nicht als Verstoß gegen die Eidespflicht dar, sondern lediglich als eine Verletzung privater Verpflichtungen, wie sie sonst nirgends mit Strafe bedroht ist. Die Strafdrohung gegen den Eidbruch, der mit Meineid nichts zu tun hat, ist deshalb auch als modernen Anschauungen zuwiderlaufend in die letzten Entwürfe zu einem neuen Strafgesetzbuch nicht mit aufgenommen worden. Aus Rücksicht hierauf sollte auch von der an sich in einigen Fällen (§§ 883 Abs. 3 ZPO., 261 Abs. 2 BGB., 338 Abs. 4 RAbgO.) bestehenden Möglichkeit, durch Änderung der Eidesnorm ein Versprechen in einen Offenbarungseid aufzunehmen, besser kein Gebrauch gemacht werden [14]).

[14]) A. M. allerdings Schwalm 112.

Sachregister.

(Die Zahlen bedeuten die Seiten des Buches.)

A.

D.

E.

F.

G.

H.

J.

K.

L.

M.

S.

T.

U.

V.

Bürgerliches Gesetzbuch
nebst Einführungsgesetz.

Mit Einleitung, Anmerkungen und Sachregister

nach dem Tode des ersten Herausgebers

Dr. A. Achilles

in Verbindung mit

J. Altstötter,
Oberamtsrichter in Sonthofen,

Dr. J. Kieckebusch,
Land- und Amtsgerichtsrat in Kassel,

O. Meyer,
Oberlandesgerichtspräsident in Celle,

Dr. O. Strecker,
Senatspräsident am Reichsgericht i. R. in Leipzig,

herausgegeben von

Dr. M. Greiff,
Wirkl. Geh. Oberjustizrat,
Oberlandesgerichtspräsident i. R. in Berlin

Dreizehnte, vermehrte und verbesserte Auflage

mit Erläuterungen der Verordnung über das Erbbaurecht, des Gesetzes über die religiöse Kindererziehung und des Gesetzes für Jugendwohlfahrt

Oktav. XXIV und 1304 Seiten. 1930. Geb. Rm. 24.—

(Guttentagsche Sammlung Deutscher Reichsgesetze Nr. 38/39)

Walter de Gruyter & Co., Berlin W 10 u. Leipzig